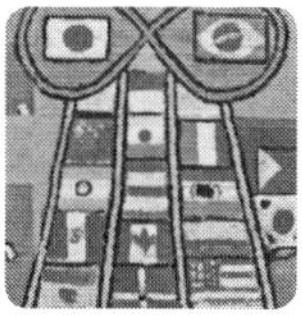

新 多文化共生の学校づくり

横浜市の挑戦

山脇啓造＋服部信雄 編著

横浜市教育委員会＋（公財）横浜市国際交流協会 協力

明石書店

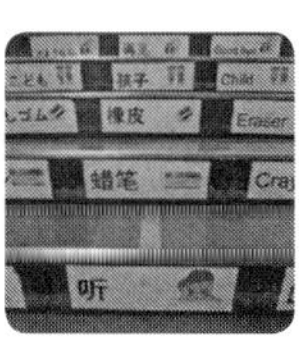

目次

新　多文化共生の学校づくり――横浜市の挑戦

第2部　世界とつながり、世界へはばたく——学校の取り組み

第1章　飯田北いちょう小学校　宮澤千澄

第2章　潮田小学校

第５章　国際教室担当教員のネットワーク　横溝 亮

第3部　学校と地域の連携――多様な団体の取り組み

第1章　横浜市国際交流協会

第2章　国際交流ラウンジ

第3章　市民団体

横浜多文化共生の学校づくりマップ

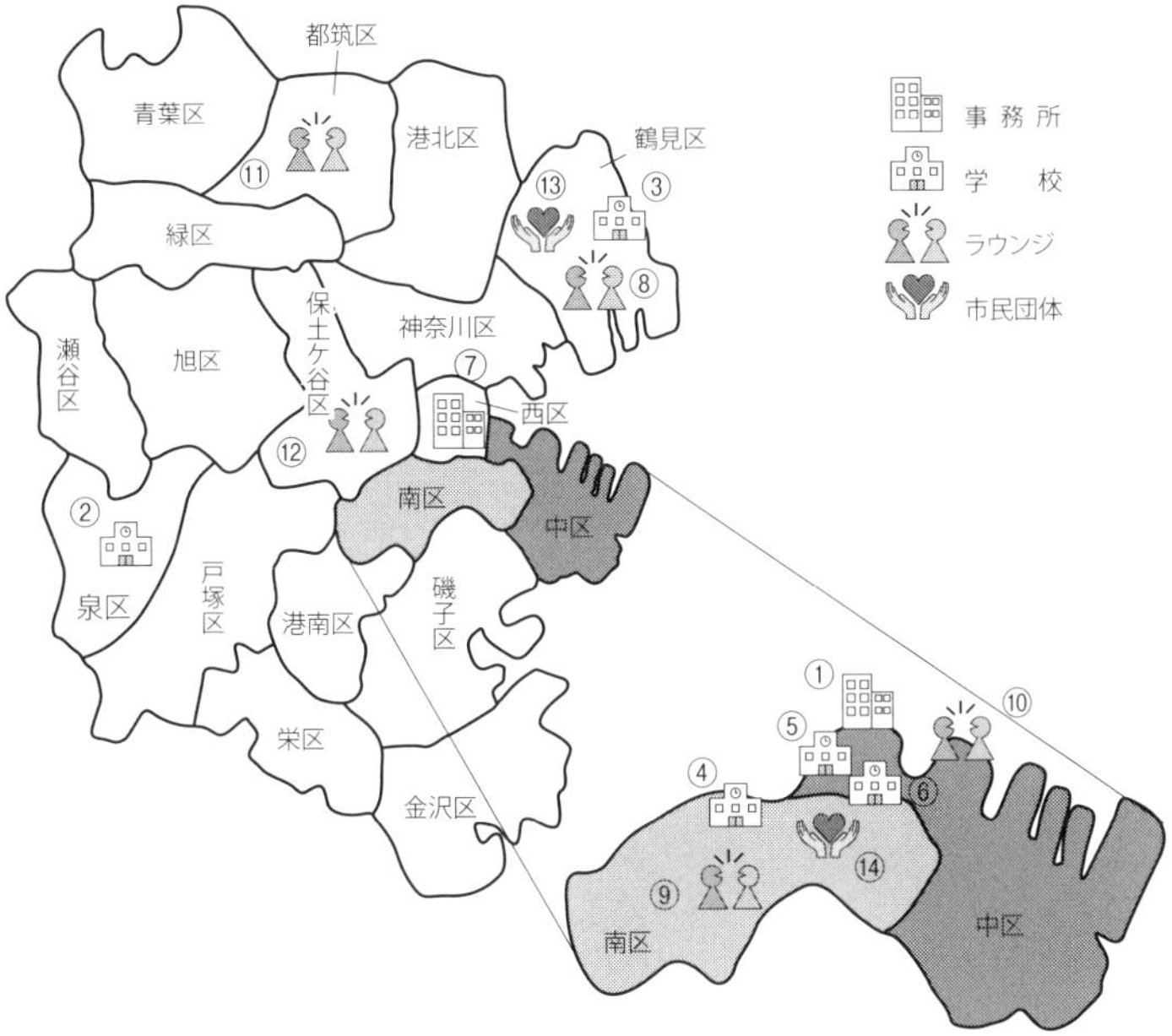

① 横浜市教育委員会
② 飯田北いちょう小学校
③ 潮田小学校
④ 南吉田小学校
⑤ 横浜吉田中学校
⑥ 日本語支援拠点施設「ひまわり」
⑦ 横浜市国際交流協会（YOKE）
⑧ 鶴見国際交流ラウンジ
⑨ みなみ市民活動・多文化共生ラウンジ
⑩ なか国際交流ラウンジ
⑪ 都筑多文化・青少年交流プラザ
⑫ ほどがや国際交流ラウンジ
⑬ ABCジャパン
⑭ 信愛塾

マップ作成：片岡久実

はじめに

服部　信雄
（元横浜市立いちょう小学校長、現東京学芸大学教職大学院特命教授）

今、振り返るいちょう小の「多文化共生の学校づくり」

『多文化共生の学校づくり――横浜市立いちょう小学校の挑戦』（2005年、明石書店）が刊行されて13年以上が経過した。明治大学の山脇教授と共に職員だけでなく、PTAや地域の代表者、「まち」のボランティアや大学関係者の方々と想いを一つにして刊行したこの著書は、いちょう小学校の多文化共生の学校づくりの記録であり、横浜の多文化共生の学校づくりへの想いを込めたメッセージでもあった。

改めて、このいちょう小の多文化共生の学校づくりに向けた取り組みをはじめ、共に歩んだ方々のメッセージを読み返してみると、在職していた当時のことが鮮明に蘇ってくる。

1年生から6年生の全校児童でつくった「卒業式」、平日・昼間の授業参観や懇談会を止め、土曜日に実施した「授業参観・学習発表会」、夜間に実施した「国別懇談会」、多言語プログラムを作り、多言語アナウンスで盛り上げた「運動会」、5校時開始前に全学年・全学級で実施した15分間の「チャレンジタイム」(ドリル学習)、全職員、PTA代表、「まち」の方々と共につくった「創立30周年記念式典・祝賀会」「団地祭り」「国際交流会」、PTA代表者やボランティアの方々の協力を得て実施した「親子の日本語教室」、大学関係者と共に取り組んだ「日本語指導・支援に関する協働研究」……。職員たちはもとより、PTA代表の方々や「まち」のボランティア、いちょう団地の方々、さらには近隣の小・中学校や大学関係者たちと共につくり上げた様々な取り組み・活動の一つひとつが、とても懐かしく思い返されてくる。

振り返ってみると、私がいちょう小で勤めさせていただいたのは、2002年1月から2004年3月までの2年3か月である。このいちょう小時代に私自身が多文化共生の教育に出合い、そして、この教育に全力で取り組む職員たちをはじめ、近隣の小・中学校、いちょう団地、「まち」のボランティアの方々、大学関係者の方々等と共に、いちょう小ならではの学校づくり＝多文化共生の学校づくりに取り組ませていただいたことが、今の私自身の在り方・生き方にしっかりとつながって来ていることを痛感させられる。

あの当時、いちょう小の多文化共生の学校づくりを推進していたミドルリーダーたちは、2018年現在、2名が学校長として、3名が県・市教育委員会事務局に勤めている。また、教務主任、主幹教諭として活躍している職員たちもいる。加えて、当時は大学院生のボランティアであった若者や初任、2、3年目の若手教員だった者たちも今は、ミドルリーダーとして各学校で活躍している。これらの職員はもとより、退職した職員たちも加わっての「いちょう小職員の会」が毎年開催されているが、参加する度に職員たちのつながりや、当時のいちょう小を大切に思っているのは、私だけではないということを強く思わされる。それはやはり、いちょう小で共に多文化共生の学校づくりに邁進し、尽力してきたことによるつながりの強さなのだと思う。

私は、これまでに何度も『多文化共生の学校づくり——横浜市立いちょう小学校の挑戦』を読み返してきている。本書の特色でもある全職員のメッセージに加え、地域・「まち」の代表者の方々、近隣小中学校の先生方、さらには、大学・大学院関係者の方々など、多くの方々の想いは、「これからも大切にしたい！」と思わされるメッセージばかりである。その中で、特に私が心揺さぶられるメッセージ、これからも大切にしていきたいと思っているメッセージがある。それは、当時、国際教室の担当であり、いちょう小の多文化共生の学校づくりをリードしていた金子正人教諭が綴った「あとがき」である。前のページでもミドルリーダーたちのことを紹介したが、私にとってこのミドルリーダーたちとの想いの共有、行動・学習の共有ということが、校長としての在り方・生き方を決定づける上での大きな力となっていたように思えてならない。

ここで、金子教諭が綴った「あとがき」を紹介する。

「外国につながる子どもが半数を超えた」というと、何か特別な学校のように思われがちなのですが、本校は、どこにでもある普通の学校です。もし、違いがあるとすれば、支援を要する子どもに必要な支援ができる体制が整いつつあると言うことです。

担任一人では、十分に子どもの学びを支えることができなくとも、副担任や国際教室担当、少人数指導担当や個別支援学級担当、そして、管理職が教室に入ることで、一人ひとりをきめ細かく支援していくことができるようになります。さらに、養護教諭、事務職員、栄養職員、給食調理員、技術員、管理員、学校運営補助員、日本語教室講師などの職員も加わり、安心して学び、過ごせる環境を整えることができるのです。

また、保護者、地域の方々、大学関係者やボランティアスタッフなど外部の方々と協働することで、より多くの目で子どもたちを見守っていくことができるようになります。

外部から支援者が入るということは、学校が常に外部からの評価を受けることになります。時には厳しい評価もありますが、これを真摯に受け止め、改善を重ねることで、風通しのよい「開かれた学校づくり」が少しずつ進みました。

本校は、外国につながる子どもが多いという特色を「開かれた学校づくり」を進める絶好の機会と捉えてきました。しかし、はじめから協働がうまくいったわけではありません。今日に至るまで、職員同士の様々な葛藤があり、外部支援者との行き違いもありましたが、その都度、話し合いを重ね、乗り越えてきました。その結果として、職員同士の協働が進み、「開かれた職員集団づくり」が前進しました。

私たち職員は、いつでも、どこでも、誰とでも協働し、国籍の別なく支援をし、「わかる」「できる」「楽しい」と思える授業づくりに努めています。課題は、まだたくさんありますが、これからも「日本人の子どもも、外国につながる子どもも、共に安心して、豊かに過ごせる学校づくり」を目指して、職員同士の、また職員と外部支援者との「協働」を進めたいと思います。

（後略）

外国につながる子ども（外国籍及び外国出身の日本籍の子ども、以下同様）が半数を超えた学校でありながらも、「本校は、どこにでもある普通の学校です。もし、違いがあるとすれば、支援を要する子どもに必要な支援ができる体制が整いつつあるということです」と金子教諭は述べている。「支援ができる体制が整いつつある」とは、全職員が想いと目標を共有し、その共通の目標に向かって連携・協働して教育活動に取り組むことができつつあるということである。そして、個人ではなくチームとして子どもたちに向き合い・寄り添い、一人ひとりを指導・支援していく体制ができつつあるということである。さらに、学校職員だけでなく、地域・「まち」の方々はもとより、大学関係者等とも積極的につながり、協力・支援をいただきながら、連携・協働して教育活動をつくり出していくことができつつあるということである。

私は、この「あとがき」を読み返す度に、「全職員の協力指導体制による学校づくり」を目指していた当時の職員たちの姿が思い浮かんでくる。そして、いつも「外国につながる子どもたちが安心して通い、生活できる学校は、日本人の子どもたちにとっても安心できる学校」を合い言葉に、日々子どもたちに真剣に丁寧に向き合っていた職員たちの姿が鮮明に思い返されてくる。と同時に金子教諭が述べている「支援を要する子どもに必要な支援ができる体制を整える」ということの重要性を強く思わされるのである。

今、求められる「全職員の協力指導体制による多文化共生の学校づくり」

今、公立学校には中央教育審議会答申でも謳われている「チームとしての学校」や「地域とともにある学校」の実現を目指した学校づくりが求められている。それは、全ての公立学校が地域の中の学校として、地域の特色を生かして学校づくりを推進することであり、そのために学校の課題を地域と共有し、連携・協働して学校づくりを推進していくということである。そして、そのことの実現のために、全ての職員がそれぞれの専門的な役割を効果的に果たし、連携・協働して学校づくりを推進していくということである。

前述の「あとがき」に込められた想いを読み返してみると、今から15年以上も前から始まったいちょう小の多文化共生の学校づくりに向けた取り組み＝「全職員の協力指導体制による学校づくり」、そして、保護者・地域の方々はもとより、ボランティアや大学関係者等との連携・協働による学校づくりの推進は、今、まさに求められている学校づくりの姿なのだと思えてならない。

私は現在、ご縁あって東京学芸大学教職大学院に勤めさせていただいているが、今でもいちょう小時代の多文化共生の学校づくり、前述した「全職員の協力指導体制による学校づくり」について語る機会を多くいただいている。

本教職大学院では現職院生たちに、東京学芸大学教育学部では学生たちに、また、山脇教授とのご縁で明治大学の多文化共生論の授業にゲスト講師として招いていただき、学生たちにいちょう小時代の話をさせていただいている。加えて、横浜市教育委員会主催（以下、市教委）の「新任校長・副校長研修」や「国際教室」担当の先生方を対象とした「日本語指導者養成講座」（本編参照）においても、「全職員の協力指導体制による多文化共生の学校づくり」や国際教室を活かし・つなぐ学校づくりの推進等について語らせていただいている。

いちょう小時代から15年近く経った今も〝いちょう小の多文化共生の学校づくり〟について語らせていただけることに、私は有り難さと同時に不思議さを感じている。また、市教委とのご縁をいただきながら「日本語指導者養成講座」や「新任校長・副校長研修」に関わらせていただけることにも〝ご縁のつながり〟の強さを思わされている。

２０１６年度より関わらせていただいている「日本語指導者養成講座」に加え、２０１７年度に始まった「新任校長・副校長研修」では、〝国際教室を活かしながら推進する学校づくり〟、〝国際教室を全職員で支える全職員の協力指導体制による学校づくり〟を共に考えさせていただいている。多くの校長・副校長が学び合い、多文化共生の教育・多文化共生の学校づくりの推進に向け、自校事・自分事として思い・考える機会となっていることを、研修を終えての「振り返り」や「感想」等から読み取ることができる。

【新任校長研修（２０１８・５・１）を終えて】

（前略）　学校に通う全ての子どもが安心して豊かに学べるように学校づくりを進めていくことが自分の使命であると考えている。まずは、国際教室のカリキュラムを理解すること、担当者の困り感や課題を共有することが必要だと思う。

本校の本年度の担当者は臨任であるが、前任者に来てもらって子どもの情報共有を行ったり、引継ぎを行ったり、積極的に研修に参加してくれたりしている。〝つながりの力〟によって不安を解消し、子どもたちのために意欲的に働きかけているその姿が、他の教員をつなげる力となっていることを感じる。教職員の学びと想いをつなげて学校課題の解決に向けて取り組んでいきたい。

［小学校長］

本校は外国籍・外国につながる生徒が9名おり、国際教室担当を中心に日本語指導や学習サポートなどに取り組んでいる。服部先生のおっしゃる通り、今後減ることのない、むしろ増え続ける日本語指導を必要とする生徒への支援体制づくりは、管理職としての地域とのつながりづくりと同じであると実感した。

多文化共生は、国際都市よこはまに住む未来をつくる子どもたちには必ず必要となるつながりづくりであると思う。校長として日本語指導を必要とする生徒たちを支援する体制づくりを「オレンジファイル」（国際教育課作成：外国につながる児童生徒への支援に関する情報資料集）を読んで勉強しようと思う。また、国際教室担当職員には、明日、改めて普段の指導に対するお礼を素直に言おうと思った。

［中学校長］

前述の「振り返り」にあるように、新任校長たちが横浜の特色や課題について再確認し、そして、多文化共生の学校づくりの実現に向けて考え合うとともに、その実現のために重要となる校長のリーダーシップ、マネジメントについて真剣に思い考える姿からも本研修が、管理職の貴重な学びの場となっていることを実感させられる。

また、この取り組みに加え、2017年9月には長い時間をかけて開設準備を進めてきた「日本語支援拠点施設『ひまわり』」（詳細については、第1部参照）が開設され、「プレクラス」が実施された。日本語指導を必要とする子どもたち、外国につながる子どもたちを受け入れる小・中学校、そして、子どもたちと向き合う教職員を支援するこの「ひまわり」の開設は、横浜市の多文化共生の教育を推進する上での新たな一歩であり、多文化共生の学校づくりの推進に向けての大きな一歩であると言える。

このように2017年度は、横浜市において多文化共生の教育・多文化共生の学校づくりの推進に向けた新たな取り組みが実施・展開された記念すべき年度になったのである。

これからの横浜が目指す「多文化共生の教育・多文化共生の学校づくり」

今、横浜市立の学校に通う外国につながる児童生徒の数は大きく増加している。

2018年5月現在、横浜市の小・中・義務教育学校488校には、9713人の外国につながる児童生徒が在籍している。10年前の2008年の5504人と比較すると約4000人、76％の増加となっている。（詳細については、第1部参照）それに伴い、日本語指導を必要とする児童生徒たちを指導・支援する国際教室についても、その設置校数は2018年度に121校となっている。

外国につながる児童生徒が多数在籍する横浜市立の学校は、以下のとおりである。

小学校　20人以上：104校（うち50人以上が在籍する学校数：15校）
中学校　20人以上：44校（うち50人以上が在籍する学校数：10校）

このように外国につながる児童生徒が50人以上在籍する学校が多くあることや、年々増え続ける外国につながる児童生徒数や国際教室の設置校数からも、15年以上も前にいちょう小学校が抱えていた課題が、今や横浜市の多くの学校に共通する課題となってきていることが窺い知れる。と同時に増加する日本語指導を必要とする子どもたちへの支援、その子どもたちを受け入れる学校、そして、子どもたちと向き合う教職員への支援の必要性・重要性を強く思わされる。

市教委はこれらの課題に対しての支援策を講じ、その支援の取り組みを実施・展開してきている。それらが、先述した「日本語指導者養成講座」（2017年度上級講座開設、2018年度中級講座開設）、「新任校長・副校長研修の実施」であり、「日本語支援拠点施設『ひまわり』の開設」である。特に2017年9月に全国の政令指定都市に先駆けて、日本語支援拠点施設「ひまわり」を開設し、日本語の初期集中指導教室を設置して、外国人児童生徒教育の体制づくりを進めてきていることは、今後の横浜市における多文化共生の教育・多文化共生の学校づくりを推進する上での重要な取り組みであると言える。そして「ひまわり」が多文化共生の教育・多文化共生の学校づくりの推進拠点となることが期待されることはもとより、その充実・発展に向けての市教委の〝新たな挑戦〟にも期待が膨らむところである。

市教委はこれらの取り組みに加え、学校のニーズに応じて、より迅速で細やかな支援の充実を図るために「横浜市国際交流協会」や「国際交流ラウンジ」、さらには市民団体等とも連携・協働して支援活動の充実に向けた取り組みも実施・展開している。これらの取り組みは、横浜市が市教委を中心として推進してきた多文化共生の教育・多文化共生の学校づくりへの支援であり、今後につなぐ〝横浜市の挑戦〟でもあるといえる。

『新 多文化共生の学校づくり――横浜市の挑戦』の刊行に向けて

今回、本著書を通して〝横浜市の挑戦〟の具体的な取り組み内容や関係情報等を市内はもとより、市外・県外、全国に向けて発信・紹介できることに感謝するとともに、市内学校関係者や関係機関・団体、さらには、全国の行政関係者や大学関係者、支援団体等の方々が〝横浜市の挑戦〟をもとに、さらなる「多文化共生の教育・多文化共生の学校づくり」の推進に向けて考え合う機会をつくってくださることを願っている。

そこで、『多文化共生の学校づくり――横浜市立いちょう小学校の挑戦』の続編とも言える本著書『新 多文化共生の学校づくり――横浜市の挑戦』を編集するにあたり、思い考えたことは、〝横浜らしい取り組み〟〝横浜ならではの取り組み〟を発信したいということであり、強く願ったことは、この発信を受けて、多くの行政機関や学校関係者、関係機関や団体等からの多くのお声が市教委や国際交流協会・ラウンジ等はもとより、本著書に登場する小・中学校に寄せられるということである。

そこで、〝横浜らしい取り組み〟〝横浜ならではの取り組み〟を発信するにあたり、本著書の構成を第1部「ようこそ横浜の学校へ——教育委員会の取り組み」から始まり、第2部「世界とつながり、世界へはばたく——学校の取り組み」では、横浜市において「多文化共生の教育・多文化共生の学校づくり」に積極的に取り組んでいる飯田北いちょう小学校（2015年4月、いちょう小学校と飯田北小学校が統合され開校）、潮田小学校、南吉田小学校、横浜吉田中学校の取り組みに加え、「国際教室」担当者たちによる〝学びのネットワークづくり〟に向けた取り組みを紹介することとした。そして、第3部では各学校を支援する関係団体として、横浜市国際交流協会や各区国際交流ラウンジ、市民団体等の学校支援や子ども支援、保護者支援に向けた様々な支援の取り組みを発信することとした。

今、旧いちょう小の「全職員の協力指導体制による多文化共生の学校づくり」への挑戦が、横浜市の多くの学校につながってきている。そして、多くの学校の多文化共生の学校づくりを支援する市教委や横浜市国際交流協会、国際交流ラウンジ、さらには、市民団体・ボランティア団体等の様々な取り組みが展開されている。今回、これらの取り組みを〝横浜市の挑戦〟として発信させていただくことが、他の自治体にとっての先行事例として参考になることを心から願っている。

第1部

ようこそ横浜の学校へ

—教育委員会の取り組み—

甘粕　亜矢（前 横浜市教育委員会事務局国際教育課長 現 横浜市こども青少年局子育て支援部保育・教育人材課長）

1　横浜市における多文化共生の現状

(1)　外国人住民の状況

2018年4月現在、市内18区には約373万人が居住している。その内、約2・5%、9万3582人(約40人に1人)が152か国の国籍を持つ外国人である(横浜市統計ポータルサイトより)。その数は、リーマン・ショックや東日本大震災などで一時的に減少したものの、10年前(7万5385人)から大きく増加している(図表1－1)。

(2)　多文化共生にかかわるビジョン

横浜市では、様々な計画の最上位に位置づけられる「横浜市基本構想(長期ビジョン、2006年策定)」に、「横浜は、平和や人権の尊重を基調として、世界との窓口として歴史的に果たしてきた役割を常に認識しながら、知恵と活力を最大限に発揮し、市民が生き生きと暮らせる魅力あふれる都市であり続けます。また、年齢や性別、障害の有無や国籍にとらわれることなく、多様な個性を尊重し、市民自らが多様な力を地域社会で発揮します」を横浜の将来像として掲げている。そして、「横浜市基本構想」の実現を目指すため、市政の方向性を定める「横浜市中期4か年計画2014～201

7」では、「未来を担う子どもたちを育成するきめ細かな教育の推進」を基本施策の一つとして位置づけ、「特別なニーズに対応した教育の推進」を主な取り組み（事業）の一つに挙げて、「日本語指導が必要な児童生徒に対し、教育内容を充実します」とするなど、外国人を含む多様性を尊重した施策が作られている。

また、市内に外国人が数多く居住しているという状況を受け、２０００年代以降、国際性豊かなまちづくりに取り組んできた。２００３年度には、「よこはま国際性豊かなまちづくり検討委員会」を設置し、外国人と日本人が共に過ごしやすく活動しやすいまちにするために話し合いを重ね、２００７年に「ヨコハマ国際まちづくり指針」を策定した。

さらに、２０１５年度には政令指定都市として全国初となる国際局を設置し、グローバル化が進展する世界の中で、横浜市が今後、より成長していくための方向性を示すものとして、２０１６年２月に「横浜市国際戦略」を策定した。「横浜市国際戦略」の中では、横浜の発展のための発信や、経済・観光の振興だけでなく、重点取り組みの一つとして、

図表 1- 1　横浜市内外国人人口（各年４月）

	2007	2008	2009	2010	2011	2012	2013	2014	2015	2016	2017	2018
総　数	72,703	75,385	79,680	78,258	77,454	77,856	75,007	76,218	79,612	83,596	88,720	93,582
中　国	26,536	29,234	32,374	33,380	33,715	34,006	31,362	31,561	32,825	34,368	36,336	38,292
韓国・朝鮮	16,154	16,195	16,197	15,629	15,277	14,877	14,167	13,946	13,753	13,627	—	—
韓　国	※１	※１	※１	※１	※１	※１	※１	※１	※１	※１	12,840	12,924
朝　鮮	※１	※１	※１	※１	※１	※１	※１	※１	※１	※１	725	675
フィリピン	7,131	7,105	7,356	6,672	6,594	6,871	6,621	6,683	6,903	6,979	7,317	7,744
ベトナム	1,493	1,648	1,812	1,847	1,832	1,894	1,941	2,410	3,155	4,134	5,224	6,164
台　湾	※２	※２	※２	※２	※２	※２	1,492	1,973	2,303	2,470	2,592	2,758
ネパール	228	257	334	413	545	634	824	1,229	1,713	2,426	3,028	3,351
ブラジル	3,629	3,719	3,791	3,431	3,058	2,822	2,567	2,376	2,305	2,401	2,489	2,497
米　国	2,706	2,602	2,702	2,506	2,368	2,393	2,238	2,207	2,261	2,299	2,337	2,497
インド	1,174	1,250	1,361	1,379	1,357	1,518	1,574	1,787	1,984	1,917	2,065	2,282

※１韓国及び朝鮮は、2016 年までの外国人登録者数に係る統計では韓国・朝鮮に合算。
※２台湾は、2012 年までの外国人登録者数に係る統計では中国に含む。
出典：横浜市統計ポータルサイト

「多文化共生による創造的社会の実現」を掲げている。このことは、横浜がこれまで大切にしてきた国際性豊かなまちづくりをさらに一歩前進させるものとなっている。

こうした全市的な動きや、変わりゆく外国人を取り巻く状況などを受け、策定から10年が経った「ヨコハマ国際まちづくり指針」についても改訂が行われ、新たに「横浜市多文化共生まちづくり指針 ～創造的社会の実現に向けて～」が2017年3月に策定された。「ヨコハマ国際まちづくり指針」からの10年の間に、外国人はさらに増加し、永住者が増え、定住化が進んできたことで、外国人のニーズも変化してきている。横浜市に暮らす外国人を取り巻く環境や状況の変化を反映して新たに策定された「横浜市多文化共生まちづくり指針」では、これまで以上に日本人と外国人が共に暮らすことができる社会をつくるために、「外国人が認められ、活躍できる『機会を創りだす』」こと、「誰もが活動・滞在しやすいよう『おもてなし力を高める』」こと、「外国人が抱える多様な課題に寄り添う『つながりを広げる』」ことを施策の方向性として定めた。

その他にも、2018年6月には「横浜市国際平和の推進に関する条例」が制定された。本条例の第6条（多文化共生の推進）では「（横浜）市は、多様な文化的背景を持つ人々が互いに文化及び慣習を尊重し、共に生活していく地域社会の形成に努めるものとする」と定められている。

これらの条例・計画・指針等は、外国人が支援されるだけでなく、より良いまちづくりのためのパートナーとして活躍していくことができるよう、横浜市が今後様々な施策を展開していくことを示している。

なお、横浜市は政令指定都市であり、18の行政区が存在するが、各区においても区の特性に合わせた独自の取り組みを行っている。外国人が特に多い鶴見区、中区、南区における例を取り上げると、鶴見区では２００８年に「鶴見区多文化共生のまちづくり宣言」を発表するとともに、「鶴見区多文化共生アクションプラン」を策定し、中区では２０１７年に「中区多文化共生推進アクションプラン」を策定し、南区では２０１７年から地域や学校、行政が協力して「多文化共生コミュニティづくり」事業を開始するなど、多文化共生のまちづくりに力を入れている。

2　横浜市における多文化共生の学校づくりの現状

(1)　外国につながる児童生徒の状況

横浜市に外国につながる住民（外国籍及び外国出身の日本籍住民）が増え、定住化が進展するのに伴って、学校においても外国につながる児童生徒が年々増加している。

２０１８年５月現在、横浜市立の小・中・義務教育学校４８８校には、１０３の国とつながる９７１３人の児童生徒が通っている。この数は、10年前となる２００８年の５５０４人と比較して、約４０００人、76％も増えていることになる。また、横浜の外国につながる児童生徒の特徴として、外国籍児童生徒よりも両親のどちらかが日本人であったり、海外で育ったりといった日本籍児童生徒の増加が著しいことが挙げられる（**図表１－２、図表１－３**）。

こうした外国につながる児童生徒９７１３人のうち、日本語の支援が必要な児童生徒（ＪＳＬレベル5未満[1]）は、2018年5月1日現在、2320人（約24%）在籍しており、10年前の1260人と比較して1060人、約84%も増加している。最近では、2015年度1538人、2016年度1670人、2017年度2080人（いずれも5月1日現在）と大きく増加しており、特に2017年度は前年度に比べ、410人（25%）増加した。これは、実際に日本語指導が必要な日本籍児童生徒が増えているだけでなく、2017年の県費負担教職員の市費移管に伴い、日本語指導が必要な児童生徒が多く在籍する学校への教職員配置を拡充したことにより、児童生徒の日本語指導の必要性について、学校がきめ細かく把握するようになったことも大きな要因であると考えられる。日本語指導が必要な児童生徒の増加と国際教室担当教員の配置基準の変更により、2018年度の国際教室[2]担当教員配置校は小・中・義務教育学校を合わせ121校となり、前年度に比べ12校（11%）増加した（**図表1－4**、**図表1－5**）。

なお、区別の外国につながる児童生徒数の状況は**図表1－6**のとおりで、鶴見区、南区、中区の3区が特に多い。

図表 1-2　横浜市立学校に在籍する外国につながる児童生徒数

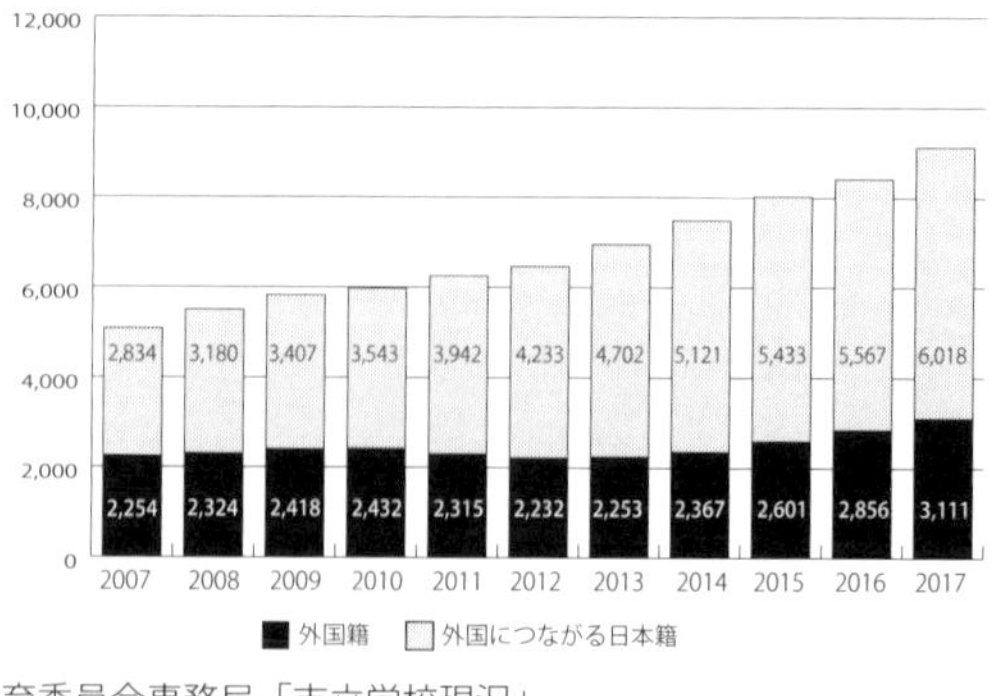

出典：横浜市教育委員会事務局「市立学校現況」

図表 1-3　国別外国につながる児童生徒数（2018 年度）

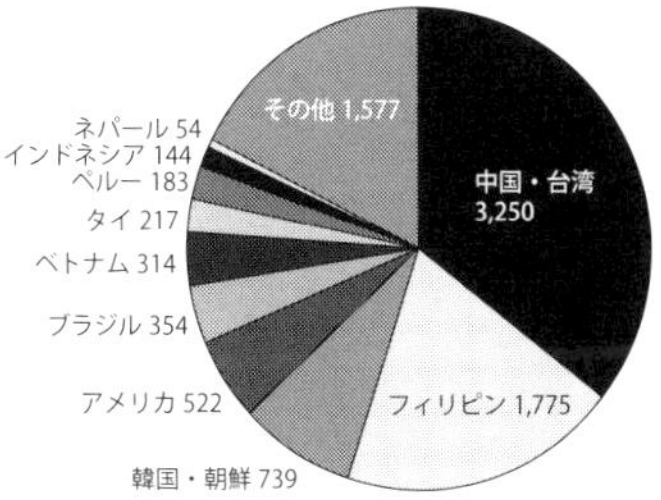

出典：横浜市教育委員会事務局「学校実態調査」

図表 1-4　横浜市立学校に在籍する日本語指導が必要な児童生徒数

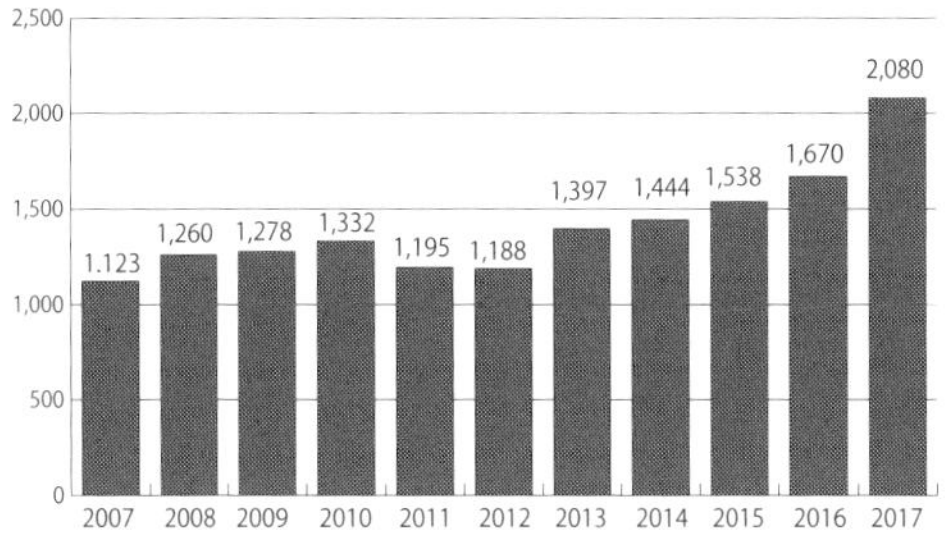

出典：横浜市教育委員会事務局「学校実態調査」より（各年５月１日現在）

図表 1-5　国際教室の設置校数及び配置人数

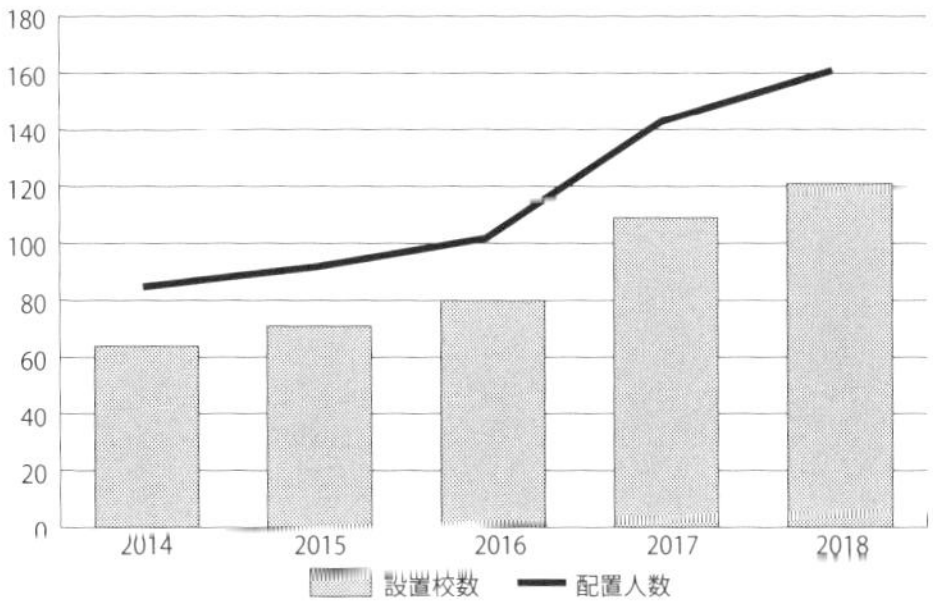

出典：横浜市教育委員会事務局

図表 1-6　区別外国につながる児童生徒数（2018 年 5 月現在）

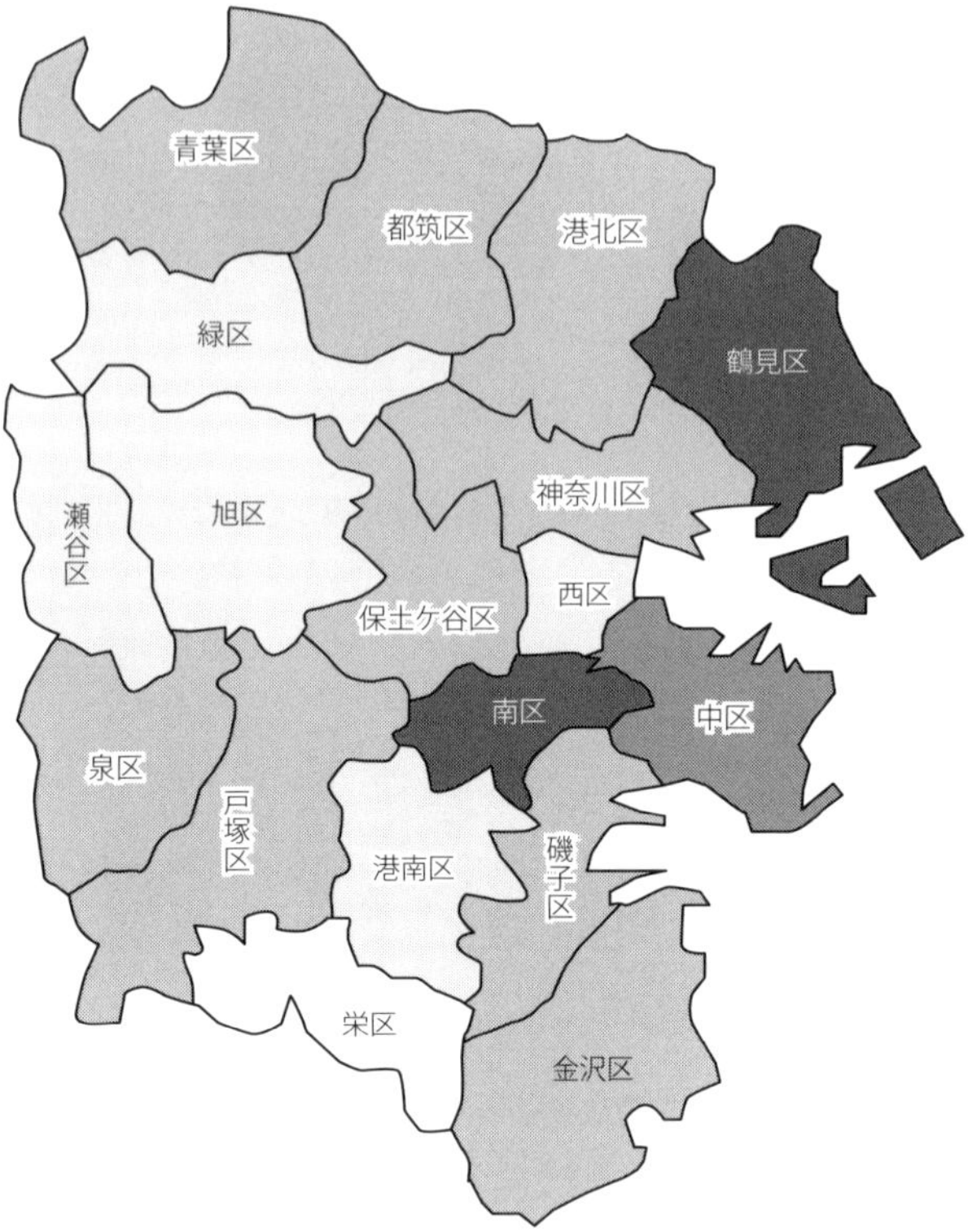

外国につながる児童生徒数（区別）		
色	人数	区名
（最も濃い灰色）	1201 名以上	鶴見、南
（濃い灰色）	701 ～ 1200 名	中
（灰色）	401 ～ 700 名	神奈川、保土ケ谷、磯子、金沢、港北、青葉、都筑、戸塚、泉
（薄い灰色）	201 ～ 400 名	西、港南、旭、緑、瀬谷
（白）	1 ～ 200 名	栄

出典：横浜市教育委員会事務局

（2）　多文化共生の学校づくりの視点

第2期横浜市教育振興基本計画（2014年）では、「施策5　特別なニーズに対応した教育の推進」の重点取り組みとして「日本語指導が必要な児童生徒への支援」を掲げている。また、横浜市教育大綱（2015年）でも、「日本語指導が必要な子どものニーズに合わせた教育」を行うことを謳っている。

さらに、横浜市教育ビジョン2030（2018年）では、「自分を見つめ、多様性を尊重し、共生する力」が掲げられており、「年齢や性別、国籍や文化の違い、障害の有無等にかかわらず、全ての人がお互いの人権や尊厳を大切にし、支え合い、いきいきとした人生を送ることができる共生社会の実現が求められています。……その中で、共感的に理解したり、合意を形成したりするなど、共に生きていく力を育みます」とし、多文化共生の視点を取り入れている。

横浜市では、今後の国際化に向けて、1991年に「外国人（主として韓国・朝鮮人）にかかわる教育の基本方針」を制定し、各学校での取り組みを進めてきた。その理念と成果を生かし、さらなる人権教育の充実のため、2001年に教育長通知「『だれもが』『安心して』『豊かに』生活できる学校をめざして」（参考資料2）を発出し、21世紀を生きる子どもたちが、未来に向かって明るい希望を抱き、自らの夢に挑戦していくことのできる学校づくりに向け、人権尊重の精神を基盤とした学校運営の必要性を発信した。

2003年には改めて「人権尊重の精神を基盤とする教育（人権教育）について」（参考資料3）の

教育長通知を発出し、２００１年に示した目標である「『だれもが』『安心して』『豊かに』生活できる学校」に向けた具体的な取り組みについて記載している。

これら二つの教育長通知に加え、その後教育委員会から発信された児童生徒向け資料や教職員の研修資料の中にも、外国につながる児童生徒にかかわる内容として、互いに認め合い、支え合うことの大切さや、児童生徒の問題解決を目指すための学校としての組織的な取り組みの紹介などがされている。

その他、２０１３年に「ようこそ横浜の学校へ――Ｉ日本語指導が必要な児童生徒受入れの手引き」を策定し、管理職、担当者、学級担任はもちろん、教職員全てが支援に関しての共通理解を図ることができる資料としている。手引きでは、学校に求められる姿勢や様々な支援についてだけでなく、「母語の維持とアイデンティティ保障」という項目も含まれている。

各学校での取り組みは、外国につながる児童生徒の在籍状況により異なるが、特に外国につながる児童生徒が多い地域では、外国人にかかわる教育を推進する「人権教育推進地域校（ブロック校）[※3]」を指定し、小中学校の連携だけでなく地域や区役所、ボランティア団体などと協力しながら、外国につながる児童生徒を含む全ての児童生徒が、自分らしく生き生きと生活できる学校・「まち」を目指して取り組みを進めている。

このほかにも、市立学校全校が参加する「人権教育推進協議会実践交流会」では、２０１７年に教育委員会から「日本語支援拠点施設」についての説明を行うとともに、市内でも特に外国につながる児童生徒の多い南吉田小学校、横浜吉田中学校が「外国籍・外国につながる児童生徒の『今』～安心して想いを表現できる学校をめざして～」をテーマに各校の取り組みを全校に向けて発表するなど、外国につながる児童生徒が安心して学校生活を送ることができるよう取り組みを進めている。

❖注

＊1　JSLレベル評価参照枠ステージ（参考資料1）。

＊2　国際教室：国籍を問わず日本語指導が必要な児童生徒が5人以上在籍する学校に担当教員を配置して設置される、日本語指導だけでなく教科指導、生活適応指導等を行う教室。

＊3　「人権教育推進地域校（外国人教育）」（2018年度）鶴見ブロック：潮田小、潮田中、下野谷小、汐入小、寛政中、入船小。神奈川ブロック：松本中、青木小、三ツ沢小、栗田谷中、幸ケ谷小。中・南ブロック：平楽中、横浜吉田中、南吉田小、中村小、山元小、港中、石川小、元街小。泉ブロック：上飯田中、飯田北いちょう小、上飯田小。

3　教育委員会の取り組みの歴史

(1)帰国児童生徒教育から外国籍児童生徒教育へ

１９７０年代に日本企業の海外進出が盛んになったことにより、多くの日本人が家族を連れ、海外での仕事に従事した。その影響から、１９７１年に１５００人だった全国の帰国児童生徒数は１９７９年には６６００人（文部科学省資料による http://www.mext.go.jp/b_menu/hakusho/html/hpad198001/hpad198001_2_162.html）に急増し、このような児童生徒への対応は新たな教育課題の一つとなった。

こうした課題に対し、横浜市では、１９８１年から「帰国子女教育専任教諭配置校」（帰国児童生徒の多い学校に専任教諭を配置し、当該児童生徒への支援や市内の帰国児童生徒教育の先導的役割を担う学校）や「日本語回復教室」（帰国児童生徒の日本語能力の回復、日本文化の学習を目的に実施）、「海外転出入子女教育相談コーナー」（帰国児童生徒及び外国転出入児童生徒に関する教育相談の実施）の設置、保護者向けのガイドブックである「帰国児童生徒教育ガイド」の配付を開始した。また、今日では小学校の外国語活動の一部として行われている「国際理解教室」（様々な出身国の外国人講師が自身の出身国の文化について英語で行う授業）も、帰国児童生徒を受け入れる環境づくりを目的として、１９８１年に「帰国子女教育実践推進校」が設置された。さらに、市立東高校では１９８２年度入学者選抜から帰国生徒特別募集を開始するとともに、帰国生徒教育担当職員を配置し、入学後の教科学習支援や生活・教育相談等を行うこととした。この他にも1982年からは国際理解教育推進の中心的な役割を担う「国際理解教育センター校」を設置するなど取り組みを進めており、文部科学省による「帰国子女教育の手引き」作成が1986年であることを考えると、横浜市での取り組みは全国に先駆けて行われていたことがわかる。

1980年代始めに帰国児童生徒への支援体制が整えられる中、日中国交正常化後の中国帰国者の子どもの増加が新たな教育課題となり、1985年に元街小学校と港中学校に中国人講師が配置されることとなった。また、同時期には大和市にあった定住促進センター（1980年2月〜1998年3月）での支援を受けたインドシナ難民が横浜市内（特に泉区）に定住するなどし、帰国児童生徒に対して整えられた体制が外国籍児童生徒への支援にも活用されることとなっていった。

このような流れを受け、1986年には帰国児童生徒を対象としていた「日本語回復教室」を「日本語回復学級」に名称変更し、日本語を初めて使う児童生徒を対象とする「日本語集中学級」（入学前に一定期間日本語指導、学校生活の体験を受講）と「巡回指導」（集中学級に通級できない場合の学校への巡回による日本語指導）を新たに始め、この三つの機能の総称を「日本語教室」に改めて事業が始まっている。

また、同じく1986年には、児童生徒の国際平和の重要性に対する意識を高め、国際社会で自分たちのできることを実践しようとする態度を育成することを目的とし、「よこはま子ども国際平和プログラム」（開始当初は「よこはま子ども国際平和フェスティバル」）を開始した。その取り組みの一つであるスピーチコンテストには、現在、全小・中・義務教育学校から約5万人の児童生徒が参加している。このコンテストでは「国際平和のために、自分がやりたいこと」をテーマにスピーチが行われるが、外国につながるクラスメイトについて書かれたものや、外国につながる児童生徒が自身の体験をもとにしたものなど、多文化共生の視点に立ったスピーチが多くあり、横浜市が目指す「自分を見つめ、多様性を尊重し、共生する力」を育む一助となっている。

(2) 外国籍児童生徒教育から日本語指導が必要な児童生徒への支援へ

1992年になると、外国籍児童生徒への支援のために教員が配置される「国際教室」の設置が始まった。(後述の教職員人件費の市費移管までは、外国籍で日本語指導が必要な児童生徒のみ加配の対象としていた) 当時、教職員の人件費は神奈川県が所管していたため、神奈川県全体でこの取り組みが実施された。

1990年代に国際教室が設置される一方、帰国児童生徒への対応がひと段落したため、1998年に「日本語回復学級」が、2001年には「帰国児童生徒教育専任教諭配置校」が廃止された(「日本語集中学級」及び「巡回指導」は継続)。教育委員会においては、その間も日本語指導を担当する外国語指導主事助手 (Foreign Consultant、以下「FC」という。) の雇用や、日本での学校生活を始めるに当たっての留意事項などを保護者に示した「きょうからはまっ子」や「学校用語・通知文対訳集」が発行されるなど、各校での支援を後押しする取り組みが行われた。

2006年になると、ボランティアとの協働による取り組みである「母語を用いた学習支援推進校」と「学校通訳ボランティア」を開始した。「母語を用いた学習支援推進校」は国際教室設置校のうち、学習支援推進校として委嘱された学校が児童生徒の母語ができるボランティアと連携し、教科学習の支援を行うものだった。「学校通訳ボランティア」は外国につながる児童生徒の保護者が学校と面談を行う場合などに通訳ボランティアを派遣するもので、横浜市国際交流協会への委託で実施している。また、２００８年には「母語を用いた学習支援推進校」以外の学校でも、転・編・入学直後の児童生徒が学校に適応するための支援をボランティアと連携して行う「母語を用いた初期適応支援」を開始した。

このボランティアを学校単独で見つけることは難しいため、ボランティアの紹介を市内に11か所ある国際交流ラウンジ（鶴見区、西区、中区、南区、港南区、保土ケ谷区、金沢区、港北区、青葉区、都筑区、泉区）に依頼している。教育委員会では、学校と国際交流ラウンジの円滑な連携のために、２０１０年からは毎年、各国際交流ラウンジを訪問し、連携を深めるための協議を行っている。その結果、国際交流ラウンジとの連携が深まり、一部のラウンジでは、ボランティアと教育委員会担当者が直接意見交換する会を設けている。こうした意見交換やボランティアからのアンケートを基に、徐々に事業の見直しを行い、２０１７年には「母語を用いた学習支援推進校」と「母語を用いた初期適応支援」を統合した「母語による初期適応・学習支援事業」を実施するに至っている。

国際教室担当教員は日本語指導の経験がある教員が少なく、教員の交代も頻繁に行われることから、２０１０年には、国際教室担当教員等が日本語指導について学ぶ場である「日本語指導者養成講座」を開講している。２０１７年には国際教室担当教員の経験が長い教員向けの「日本語指導者養成上級講座」、２０１８年に「日本語指導者養成中級講座」を開講し、教員がそれぞれのレベルや学習したい内容に応じて研修を受講できる体制を整えた。

さらに、２０１７年には、既存の新任校長研修と新任副校長研修の中に外国につながる児童生徒に対する理解と学校全体で支援するためのビジョンに関する内容を盛り込んだ。両研修では、教育委員会が提供している支援の紹介だけでなく、横浜市において校長として多文化共生の学校づくりに取り組んだ経験のある大学教授を講師として招き、学校全体でどのように支援体制を構築するかなどの研修を実施した。また、経験の浅い教職員が対象となる「初任者研修」や「採用前研修」、「臨時的任用職員及び非常勤講師研修」の中でも外国につながる児童生徒に関する内容を取り上げ、様々な角度から理解促進を図った。

２０１４年1月には文部科学省から「学校教育法施行規則の一部を改正する省令等の施行について（通知）」が発出され、外国につながる児童生徒の日本語指導に関して、「特別の教育課程」を編成し、日本語指導を教育課程に位置づけることとなった。このことにより、「特別の教育課程」を編成する児童生徒にはそれぞれの状況に応じた「個別の指導計画」を作成することとなったため、２０１４年度からは国際教室担当教員配置校でこれを導入した。その後、２０１５年9月には「個別の指導計画（横浜版）」等の様式（http://www.city.yokohama.lg.jp/kyoiku/kyoikukatei/tokubetunokyuikukatei/）を作成し、全校に導入することとした。

研修以外の学校への支援としては、２０１１年に教育委員会に中国語対応のＦＣを配置したほか、前述の外国につながる児童生徒の受入れに関するガイドブック「ようこそ横浜の学校へ」（２０１３年）を作成（http://www.city.yokohama.lg.jp/kyoiku/kyoikukatei/nihongoshido-tebiki/）したことがあげられる。「ようこそ横浜の学校へ」は、「Ⅰ日本語指導が必要な児童生徒受入れの手引き」、「Ⅱ学校通知文・用語対訳集」、「Ⅲ保護者の方へ」の３部構成となっており、このうち、保護者への対応に使用する「Ⅱ学校通知文・用語対訳集」、「Ⅲ保護者の方へ」が外国語に翻訳されている。これらは当初、４

か国語（中国語、英語、スペイン語、タガログ語）だったが、翌年に3か国語（ベトナム語、ポルトガル語、韓国・朝鮮語）を追加し、7か国語対応となった。この他にも２０１６年には8か国語（日本語、中国語、フィリピン語、スペイン語、英語、韓国・朝鮮語、ベトナム語、ポルトガル語）に対応した学校生活紹介ＤＶＤ「見てみよう！横浜の学校」を国際教室担当教員配置校に配付、翌２０１７年には国際教室担当教員配置校以外にも配付している。また、２０１８年には文部科学省からの依頼により、タブレットに話しかけると日本語と外国語（音声翻訳11言語、テキスト翻訳30言語対応、２０１８年8月現在）との相互翻訳ができる多言語翻訳アプリ「Voice Biz」の活用を始め、授業内外での活用方法について検証を実施している。

国際教室担当教員の配置については、２０１３年度から、神奈川県の配置基準である「外国籍で日本語指導が必要な児童生徒が5人で1人加配、20人以上で2人加配」に加えて、市費による人員配置を行った。神奈川県の基準では、20人を大きく上回る数の日本語指導が必要な児童生徒を抱える学校での対応が困難であることから、「日本語指導が必要な児童生徒支援非常勤講師（以下「日本語支援非常勤講師」という）」と児童生徒の母語と日本語ができる「外国語補助指導員」を配置し、学校での人的支援を手厚くした。

２０１７年に教職員人件費が県費から市費へと移管されると、「いじめや不登校など複雑・多様化する課題に対応するための体制強化」、「小中一貫教育の更なる推進やきめ細かな指導体制の整備」、

日本語支援拠点施設「ひまわり」

「児童生徒の発達に適した学習環境の充実」と並び、「日本語指導の必要な児童生徒への支援」が本市の特性や教育施策に応じた教職員配置の拡充の項目として掲げられることとなった。このことにより、それまで「外国籍で日本語指導が必要な児童生徒」を対象としていた国際教室担当教員の配置基準を、国籍に関係なく「日本語指導が必要な児童生徒」を対象とすることとなった。その結果として、2016年に80校だった国際教室担当教員配置校は2017年、109校まで増加した。さらに、外国語活動・英語科と国際理解教育を担当する指導主事と日本語指導を担当する指導主事を分けて配置し、学校への指導・助言機能を強化した。また、同年9月には日本語支援拠点施設「ひまわり」を開設した。これは市内小・中・義務教育学校に在籍する日本語指導が必要な児童生徒の急増や、それに伴う諸課題を受け、統廃合によって敷地が確保されていた学校用地に新たに設置したものである（詳細は後段を参照）。

教育委員会の取り組みの歴史を一覧にすると、**図表1－7**のとおりである。

図表1－7　横浜市教育委員会による多文化共生の学校づくりに向けた取り組みの歴史

時期	取り組み	概要
1981年	帰国子女教育専任教諭配置校の設置	帰国児童生徒の多い学校に帰国子女教育専任教諭を配置、市内の帰国子女教育の中心的役割を担う帰国子女教育専任教諭配置校を設置
	日本語回復教室の設置	帰国児童生徒の日本語能力の回復、日本文化の学習について指導
	海外転出入子女教育相談コーナーの開設	帰国子女及び外国転出児童生徒に関する教育相談の実施

	帰国児童生徒教育ガイドの発行	帰国児童生徒受入れのためのガイドブックを発行
	帰国子女教育実践推進校の設置	外国人講師の派遣による国際理解推進及び外国語能力の育成の実施
	東高校における帰国生徒特別募集の開始	一定条件（2年以上の海外在住経験等）を満たした生徒であれば学区外であっても志願可能。入学後は国語・数学を中心の教科支援、生活・教育相談等の個人指導を実施
1982年	東高校での支援の開始	帰国生徒教育担当職員を配置し、支援を実施
	国際理解教育センター校の設置	国際理解教育推進の中心的な役割を担うため設置
1985年	中国人講師配置校の設置	中国帰国者の子女の日本語及び生活適応指導のための中国人講師の配置
1986年	横浜市日本語教室の開始	「日本語回復学級（「日本語回復教室」を名称変更）」、「日本語集中学級」、「巡回指導」を総称した「横浜市日本語教室」の開始
	「よこはま子ども国際平和フェスティバル」の開始	国際平和の重要性に対する意識を高めるために実施。（現「よこはま子ども国際平和プログラム」）
1991年	「在日外国人（主として韓国・朝鮮人）にかかわる教育の基本方針」の制定	民族差別の解消と共生の教育を目指して制定
1992年	市立学校全校に人権教育研究部を設置	
	国際教室担当教員配置校の設置	各校において日本語指導等の支援を行う「国際教室担当教員」を加配し、「国際教室」を設置
	「横浜市海外帰国・外国人児童生徒教育の手引き」の発行	学校向けの帰国・外国人児童生徒受入れのための手引きとして発行（現「ようこそ横浜の学校へ」の「Ⅰ日本語指導が必要な児童生徒受入の手引き」）

1996年	「人権教育推進地域校」として「在日外国人教育実践地域校ブロック」を指定	
1998年	日本語回復教室の廃止	帰国児童生徒への対応が落ち着いたため廃止
2000年	「きょうからはまっこ」の発行（6か国語（中国語、スペイン語、タガログ語、ベトナム語、ポルトガル語、韓国・朝鮮語）翻訳）	日本での学校生活の留意事項などを保護者に伝えるため発行。（現「ようこそ横浜の学校へ」の「Ⅱ保護者の方へ～横浜の学校生活～」）
	外国語指導主事助手（FC）（英語、スペイン語、ポルトガル語対応）の配置	日本語指導を担当するFCを新たに雇用
2001年	帰国児童生徒教育専任教諭配置校の廃止	帰国児童生徒への対応が落ち着いたため廃止
	教育長通知「『だれもが』『安心して』『豊かに』生活できる学校を目指して」の発出	人権教育の充実のために全市立学校向けに発出
2002年	「学校通知文・用語対訳集」の発行（7か国語（中国語、英語、スペイン語、ベトナム語、ポルトガル語、韓国・朝鮮語、カンボジア語）翻訳）	学校で必要な言葉を選んで翻訳文を作成。（現「ようこそ横浜の学校へ」の「Ⅱ学校通知文・用語対訳集」）
2003年	教育長通知「人権尊重の精神を基盤とする教育（人権教育）について」の発出	教育長通知「『だれもが』『安心して』『豊かに』生活できる学校を目指して」の具体的な取り組みについて、全市立学校向けに発出
	「きょうからはまっこ」翻訳言語の追加（英語）	
	「学校通知文・用語対訳集」タガログ語の追加	
2006年	母語を用いた学習支援推進校の開始	国際教室設置校の中から「母語を用いた学習支援推進校」を委嘱し、児童生徒の母語ができるボランティアと連携した学習支援を実施・研究

	学校通訳ボランティア事業の開始	学校における面談や家庭訪問等に外国語ができる通訳ボランティアを派遣。横浜市国際交流協会への委託により開始
2008年	母語を用いた初期適応支援の開始	児童生徒の母語ができるボランティアによる学校生活への初期適応支援の実施
2010年	日本語指導者養成講座の開始	教員（主に国際教室担当教員）を対象とした日本語指導方法や日本語指導が必要な児童生徒受入れ等に関する研修の実施
2011年	外国語指導主事助手（FC）（中国語対応）の増員	外国につながる児童生徒の増加を踏まえ、FCを増員
2013年	「日本語指導が必要な児童生徒支援非常勤講師」、「外国語補助指導員」の配置	日本語指導が必要な児童生徒が多い学校に対し、教員免許を持つ「日本語指導が必要な児童生徒支援非常勤講師」や、児童生徒の母語により学習・生活支援を行う「外国語補助指導員」を配置
	東部学校教育事務所による夏季学習会の開催	夏季休業中に外国につながる児童生徒を対象とした夏季学習会開催
	「ようこそ横浜の学校へ」の発行（4か国語（中国語、英語、スペイン語、タガログ語）の翻訳）	外国につながる児童生徒の受入れについての教員向けガイドブック「I 日本語指導が必要な児童生徒受入れの手引き」、学校からの通知文や学校でよく使われる言葉を多言語翻訳した「II 学校通知文・用語対訳集」、横浜市の学校についての保護者向け多言語版ガイドブック「III 保護者の方へ～横浜の学校生活～」の発行
2014年	「ようこそ横浜の学校へ」翻訳言語の追加（3か国語（ベトナム語、ポルトガル語、韓国・朝鮮語））	

	特別の教育課程の導入（国際教室担当教員配置校のみ）	日本語指導が必要な児童生徒に特別指導（日本語指導等）を行う際に編成・実施することで、通常の教育課程で定められた指導の代替とすることができる「特別の教育課程」の導入
2015年	特別の教育課程の導入（市内全校）	
	教育委員会に国際教育課を設置	国際教育、日本語指導、外国語教育を総括する部署として新設
2016年	多言語による学校生活紹介DVDの配付（8言語（日本語、中国語、フィリピン語、スペイン語、英語、韓国・朝鮮語、ベトナム語、ポルトガル語）対応）（国際教室担当教員配置校のみ）	実際の学校の映像を見ながら日本の学校生活について知ることができるDVD「見てみよう！横浜の学校」（制作：TOMORU～外国につながる神奈川っ子教育支援）を配付
2017年	多言語による学校生活紹介DVDの配付（国際教室担当教員配置校以外）	
	日本語指導担当の指導主事の配置	外国につながる児童生徒への教育の推進のために配置
	市費移管に伴う国際教室担当教員配置基準の変更	教職員人件費の市費移管に伴う教職員配置の拡充
	校長研修・副校長研修・初任者研修等での外国につながる児童生徒に関する説明を開始	管理職を対象とした外国につながる児童生徒への支援体制構築に関する研修及び経験の浅い教職員を対象とした外国につながる児童生徒への理解を促す研修の実施
	日本語支援拠点施設「ひまわり」の開設	「プレクラス」、「学校ガイダンス」、「さくら教室」、「日本語教室集中教室」の機能を持つ拠点施設を新設
2018年	多言語翻訳アプリの活用開始	文部科学省からの依頼に基づき、多言語翻訳アプリ「Voice Biz（ボイスビズ）」の学校内での活用を実施

4　多文化共生の学校づくりに向けた取り組みの現在

多文化共生の学校づくりに向けた現在の取り組みについて、まず外国につながる児童生徒・保護者・学校への支援の概要を示した後、支援体制の中核を占める日本語支援拠点施設「ひまわり」について詳述する。

（1）外国につながる児童生徒への支援

①プレクラスでの指導

新たに来日・帰国した児童生徒が通う「ひまわり」にあるプレクラスでは、サバイバル日本語やひらがなの学習から始まる初期日本語指導だけでなく、避難訓練などの学校生活体験、教科につながる日本語（授業で使う日本語）を学習する。プレクラス期間中は学習状況等について在籍校とも情報を共有し、在籍校で継続した日本語指導に活用できるプレクラスでの授業に準じたワークシートなども提供している。なお、地理的制約などにより、現在、全ての児童生徒がプレクラスでの指導や支援を受けているとは限らない。

②日本語教室での指導

プレクラスでの指導が終了すると、横浜市が定める日本語指導資格[*1]を持った講師（以下「日本語講師」という）による日本語教室での指導が始まる。日本語教室での指導は集中教室での通級指導（主に中学生）と、日本語講師が学校に派遣される派遣指導（小学生）の二つの形態に分かれている。日本語教室での指導は、「あいさつ」、「身の回りの物の名前」などの学校生活での大切な表現から、「敬語の使い方」などの表現までを学習する。指導回数は在籍校での国際教室設置の有無、プレクラスの利用有無によって変わるが、約1年から1年半ほどの期間で指導を行う。

③国際教室での指導

前述のように、日本語指導が必要な児童生徒数が5名以上の場合、児童生徒数に応じて国際教室担当教員が配置される（２０１８年度最も多い学校で４人）。国際教室では、担当教員が主に日本語指導、教科指導、生活適応指導等を行う。国際教室に在籍する児童生徒への指導は、在籍級の特定の授業時に別室で日本語指導等を行ういわゆる「取り出し」指導と、在籍級での授業に国際教室担当者が当該児童生徒に寄り添い、支援を行う「入り込み」指導の二つに大きく分かれ、当該児童生徒の状況に応じて国際教室担当者が指導の方法を計画する。取り出し指導は、国語や社会、算数・数学の授業時に行うことが多い。

④母語による初期適応・学習支援

日本語指導が必要な児童生徒に対し、学校が依頼した当該児童生徒の母語ができるボランティアが初期適応・学習支援を行う。母語による支援の内容は、学校のルールやノートの書き方、持ち物等の説明を行う初期適応に関するものや、授業や学習内容の通訳、宿題の説明等の学習支援に関するものがある。

⑤中学3年生を対象とした進路面接練習会

日本語教室で指導を受けている、または以前受けていた中学校3年生を対象に、高校受験に向けた面接練習会を実施している。面接練習会では指導主事が面接官となり、入室から退室までの一連の動作、受け答えの内容、出願時に高校へ提出する「面接シート」の記入支援等を行っている。

⑥その他

外国につながる児童生徒が特に多い横浜市東部の学校への支援を行っている東部学校教育事務所では、2013年度から夏季休業中に外国につながる児童生徒を対象とした夏季学習会を開催している。夏季学習会では、日本語講師とボランティアが日本語指導のほか、日本の学校生活・習慣への適応支援、学習言語の習得支援等を行っている。

なお、日本語指導が必要な児童生徒が1～4名在籍する学校では、国際教室が設置されないことにより、できるだけ支援が不足しないように配慮している。具体的には、②の日本語教室及び、④の母語による初期適応・学習支援について、国際教室がない学校の児童生徒により手厚く支援している。

(2) 保護者への支援

①学校ガイダンス

来日・帰国した児童生徒・保護者はまず区役所にて住民登録を行い、外国籍であれば窓口で「外国人就学申請書」を渡され、生年月日、住所に応じて該当する学校を紹介される。その後、日本語での会話が可能な保護者であれば、保護者から学校に面談日時を連絡した上で、学校を訪問することが多いが、日本語での会話が困難な保護者の場合、突然、家族で学校を訪問することも少なくない。

学校での入学手続きは、学校に入学するための説明だけでなく、提出しなければならない各種書類が保護者に手渡される。日本語での会話が困難な保護者は説明の意味を理解することは難しく、入学手続き書類を作成することはさらに難しい。そのような保護者には学校から「ひまわり」で行っている「学校ガイダンス」を紹介し、母語を使った学校生活や保護者の役割の説明や学校に提出しなければならない銀行口座等の各種書類の記入支援などを行う。また、児童生徒の名前の読み方や学習歴等を確認し、学校に提供している。

②学校通訳ボランティア

日本語での会話が困難な保護者に対しては、転・編・入学時の手続きの説明、宿泊行事等の各種説明会、個人面談や家庭訪問等において、母語のできるボランティア通訳の派遣を行っている。なお、ボランティアの派遣については、横浜市国際交流協会に委託している。

(3) 学校への支援

①日本語指導者養成講座の開設

国際教室担当教員配置校であっても、その担当者が日本語指導の経験を有していることはまれであり、また、担当者が毎年代わる学校もある。そのため、初めて国際教室を担当する教員を主な対象として「日本語指導者養成講座」を実施し、学校での支援体制の整備を図り、校内児童生徒への学習や適応支援を充実させ、日本語指導が必要な児童生徒理解、編入当初のサポートや教科指導への移行等を学ぶ研修を行っている。

②新任校長・副校長研修の実施

日本語指導が必要な児童生徒について、新任校長・副校長が理解を深め、学校全体での支援体制を整えられるよう研修を実施している。これらの研修では日本語教室や国際教室などの支援施策を紹介するほか、多文化共生の学校づくりの推進に関する内容を取り上げている。

③非常勤講師及び外国語補助指導員の配置

日本語指導が必要な児童生徒が多く在籍する学校では、国際教室担当教員の配置だけでは支援が十分に行えないことから、在籍数に応じて教員免許を持った非常勤講師を配置し（２０１８年度、19人）、学校への人的配置を手厚くすることで、国際教室における日本語指導や教科指導等の充実を図っている。さらに在籍数が特に多い学校には、児童生徒の母語が話せる外国語補助指導員を1名配置し（２０１８年度、８校）、外国につながる保護者からの電話対応から保護者向け学校通知文の翻訳や通訳、児童生徒への教科指導など、保護者・児童生徒の両者へ幅広い支援を行っている。日本語指導が必要な児童生徒の在籍数が市内で最も多い南吉田小学校（第2部第3章参照）には、２０１８年度、国際教室担当教員、非常勤講師、外国語補助指導員を合わせて８名の担当人員が配置されている。

④国際教育課の設置及び担当指導主事と指導主事助手の配置

外国語教育、国際理解教育、日本語教育等において、学校への支援を充実させるために２０１５年、教育委員会に国際教育課が設置された。国際教育課には国際教室担当経験がある指導主事を始め、外国語会話（英語、中国語、ポルトガル語、スペイン語、タガログ語）が可能なFC（合計5名）を配置し、日本語指導が必要な児童生徒や学校への通常の支援だけでなく、緊急時の通訳など、当該児童生徒が在籍する学校全体へのよりきめ細かな支援を行っている。

（4）日本語支援拠点施設「ひまわり」

① 「ひまわり」設置の経緯

教育委員会では、2012年以降の日本語指導が必要な児童生徒の急増に伴い、学校での対応の多様化や、日本語指導が必要な児童生徒が集中する学校での教科指導時間の確保、子どもの学力向上といった課題への対応が必要になっている。

また、日本語指導が必要な児童生徒が様々な地域で増加していることから、これまで受入れ経験がない学校での受入れや指導のための支援が求められている。さらに、こうした外国につながる児童生徒は、年度途中での編入（特に9月）が多いが、学校の人的配置は年度当初に決まってしまうことから、学校での受入れや指導の態勢が整わない状況もある（**図表1－8**）。

そこで、教育委員会では児童生徒に対する学校生活への円滑な適応の支援や学校での受入れ負担軽減等を目的とし、2017年9月に日本語支援の拠点施設となる「ひまわり」を開設した。日本語支援の拠点となる施設については、文部科学省設置の「学校における外国人児童生徒等に対する教育支援に関する有識者会議」が2016年6月に取りまとめた「学校における外国人児童生徒等に対する教育支援の充実方策について」の中でも、「『拠点校』等を中心とした指導体制の構築」が今後の方向

図表1-8　2015年度　月別日本語教室入級者数

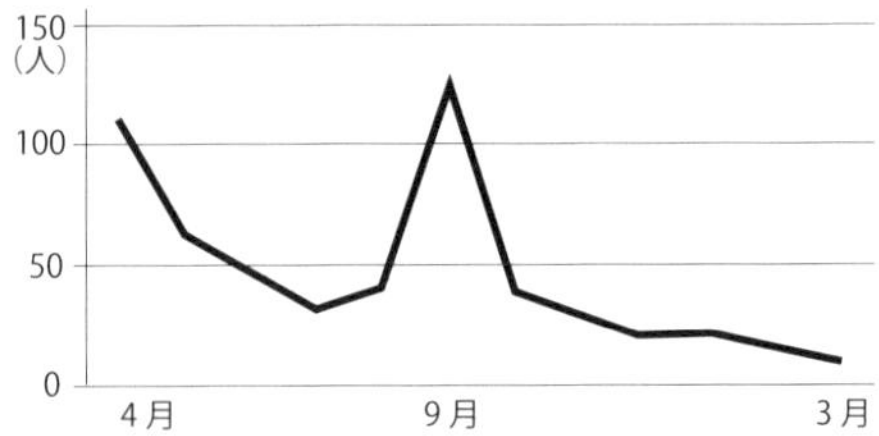

出典：横浜市教育委員会事務局

性として提言されている。

なお、日本語支援拠点施設の愛称である「ひまわり」は小・中・義務教育学校から募集して決まり、「笑顔が咲き誇り、ひまわりのように仲間と元気にすごせるように」という想いが込められている。

②「ひまわり」の実施事業

「ひまわり」では、2018年8月現在、次の四つの事業が実施されている（**図表1－9**）。

〈プレクラス〉

児童生徒が日本の学校に速やかに適応できるように、4週間の集中的な日本語指導と学校生活の体験を行う。

対　　象：帰国・来日間もない日本語指導が必要な児童生徒
職　　員：日本語講師3名、プレクラス指導員3名
プレクラス指導員：小学校・中学校・高等学校の教員免許のうち、いずれかを所有しており、かつ、学校での教員経験がある者から選考
通級期間等：4週間（週3日　水・木・金曜日）9時～14時
ク　ラ　ス：①はな組（小学校低学年）②みどり組（小学校高学年）③そら組（中学校）
定　　員：60名（各クラス20名×3クラス）
指導内容：①初期日本語指導
②学校生活体験

③体育・音楽・書写などの教科につながる日本語（授業で使う日本語）指導

〈学校ガイダンス〉

児童生徒・保護者の不安軽減、学校の負担軽減を図るため、入学時に必要な書類記入の支援に加え、日本の学校生活に必要なことや保護者の役割を伝える。また、児童生徒の学習状況の確認を行い、学校に連絡する。

対　象：来日・帰国直後の児童生徒及びその保護者
職　員　等：下記実施言語の母国出身の外国語指導主事助手（ＦＣ）
実施日時：火曜日　15時～16時30分（時期により月3～4回実施）
実施言語：中国語・タガログ語・英語・やさしい日本語
実施内容：①入学手続きに関する各種説明　②学用品購入の案内
③一般生活についての説明　④保護者会・ＰＴＡ等での役割についての説明
⑤児童生徒の基本情報の確認　⑥保護者の連絡先の確認
⑦日本語及び学習状況の確認　⑧プレクラス利用希望確認
⑨口座開設関係書類等の作成支援

〈さくら教室〉

小学校入学直前の子どもが日本の学校に速やかに適応できるよう、学校生活や学習を体験する。また、保護者の不安軽減、学校の負担軽減を図るため、入学時に必要な書類記入の支援に加え、日本の学校生活に必要なことや保護者の役割等を伝える。

対　象：外国籍等の新小学校1年生とその保護者
職員等：外国語指導主事助手（FC）・日本語講師・プレクラス指導員・外国語補助指導員等
実施時期：3月末　※2回連続講座
実施言語：参加保護者の母語（中国語・タガログ語・スペイン語・ポルトガル語等）
実施内容：（新1年生向け）①あいさつ　②鉛筆の使い方　③学校探検　④学校生活の体験　⑤返事のしかた　⑥道具の使い方
（保護者向け）①学校ガイダンスの内容　②家庭学習について　③質問対応

〈日本語教室集中教室〉
対象生徒が日本語の理解力を高め、学校生活に適応できる基礎的能力を育成するため、日本語の初期指導を行う。

対　象：日本語指導が必要な中学生
職　員：日本語講師
実施日時：火曜・金曜日　13時～17時
通級期間：30回～70回（国際教室の有無等により決定、週2回通級）

実施内容：日本語の初期指導
※集中教室は市内5か所に設置。
「ひまわり」の日本語教室集中教室は5か所目の集中教室として開設。

❖注

＊1　横浜市では文部省（当時）作成「日本語教育機関の運営に関する基準について」で定義されている資格を日本語指導資格として認めている。このほか、日本語講師の募集では日本語以外の1言語（英語以外）での日常会話に対応できることなどを応募要件としている。

図表 1-9　日本語支援拠点施設「ひまわり」での支援概念図

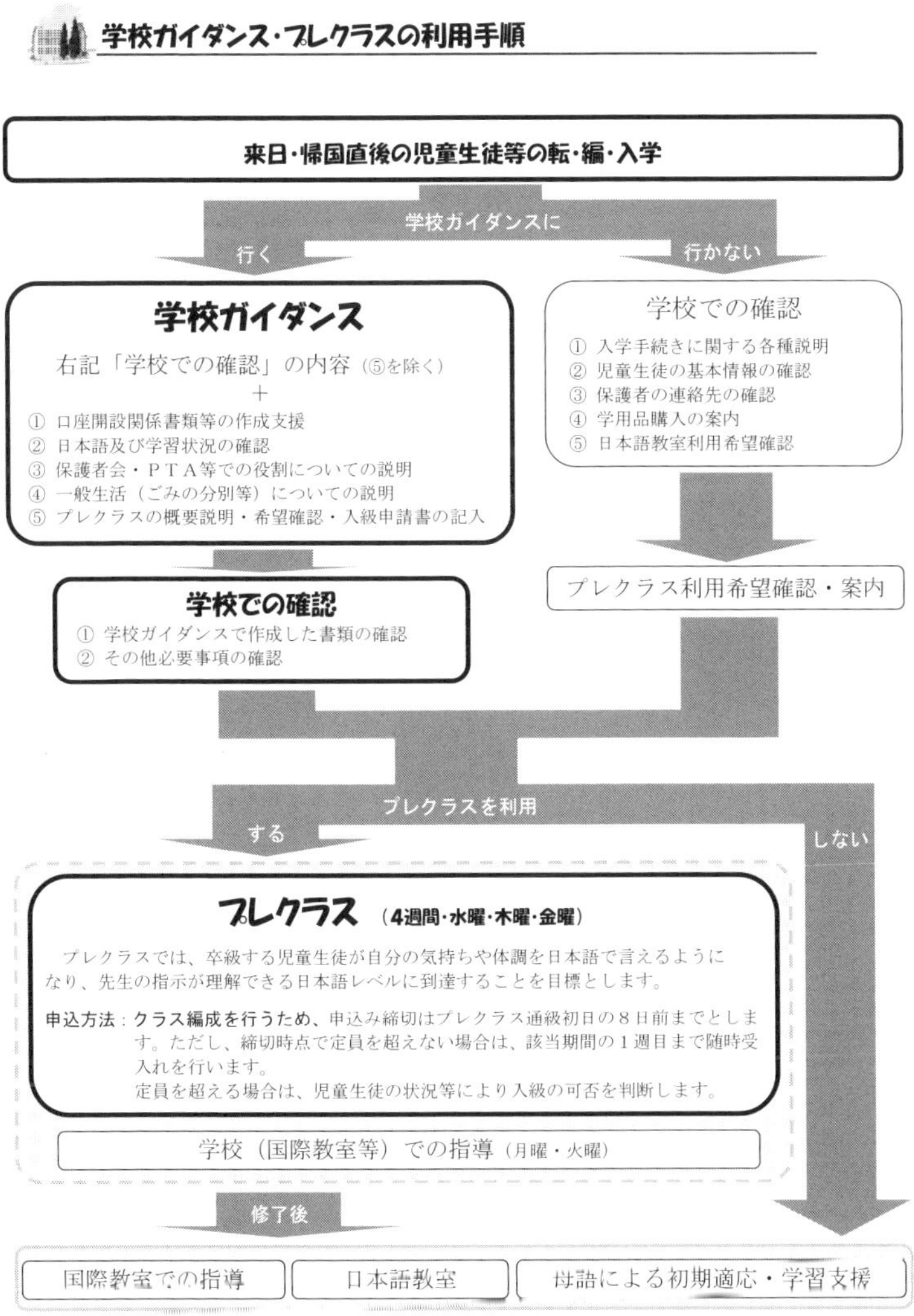

出典：横浜市教育委員会事務局

5　今後の課題

政府が「経済財政運営と改革の基本方針」（2018年6月）において、「一定の専門性・技能を有し即戦力となる外国人材を幅広く受け入れていく」ため、新たな在留資格を創設する方針を打ち出した。横浜市における外国につながる児童生徒数は今後も増加を続けていくことが予想される。そのような状況の中、次の三つが大きな課題となることが考えられる。

一つ目の課題は対応の多様化・個別化である。これまでのような外国につながる児童生徒数の増加だけでなく、つながる国、来日理由、日本在住期間、家庭環境、障がいの有無といった児童生徒をめぐる状況の多様化も進み、児童生徒一人ひとりに寄り添った支援が求められている。

二つ目の課題は日本語指導に関する専門性の確保である。外国につながる児童生徒の受入れの要となるのは国際教室の担当教員であるが、教員養成課程では日本語指導を行う教員を養成するシステムが構築されていないことから、日本語指導を初めて経験する教員が多く、ノウハウが不足しており、児童生徒への適切な指導や支援の方法だけでなく、国際教室の円滑な運営にも困難を生じている。

三つ目の課題は外国につながる児童生徒の受入れに関する学校全体の意識の醸成である。一つ目の課題として挙げた、外国につながる児童生徒の増加と多様化に対応するには、学校全体としての取り組みが欠かせない。これまでは国際教室担当教員のみが対応していることが多く、学校全体としての理解や協力が不足していることも多かった。

この三つの大きな課題に対応していくためには、学校だけでなく市として対策を考える必要がある。

対策の一点目は、教育委員会による学校支援の充実である。各学校での支援の充実に向けては、限られた教員で対応していくためにも、日本語指導や外国につながる児童生徒への対応に関するノウハウの収集・発信が効果的であると考えられる。すでに学校単位で積み上げられてきたノウハウや「ひまわり」の運営で得られたノウハウを集約し、「ひまわり」内の図書室の整備・運営や教員向けホームページの作成を通して発信することで、現在、外国につながる児童生徒と関わっている教員が安心して対応できる体制の構築を目指していく。

また、日本語指導に関する専門性の確保のために、現在行っている研修を充実させることや、「ひまわり」からの教材の提供や指導方法の伝達、さらには、教員同士のつながりをつくることでの学び合いの場づくりなど、学校現場の力を高めるための取り組みにも努めていく。

二点目は、学校以外の支援機関との連携・協働である。学校での支援がいかに充実したとしても、やはり学校だけで家庭も含めた支援を行うことは困難である。そこで、区役所・横浜市国際交流協会・国際交流ラウンジ・民間の支援団体等といった他機関との連携や「ひまわり」の利用促進、外国語補助指導員の増員など、様々な取り組みの充実も必要だと考えている。多様な団体が、それぞれの考え方に基づいて支援を行っていることから、すぐに連携や協働の関係を構築することは難しいかもしれないが、まずはこうした機関との話し合いの場を設け、お互いの持つ情報や課題を共有し、今後の連携・協働につなげていく。

三点目は、各学校における支援の充実である。教育委員会がいかに支援を充実し、関係機関が連携したとしても、日々子どもたちと関わる学校現場での支援が充実しなければ一人ひとりの子どもたちには届かない。「児童生徒の受入れ・支援は学校が主体である」ということをすべての教職員がしっかりと認識することができるように、特に校長や副校長に対しては様々な場面を活用して、学校全体での支援体制構築の重要性を周知していく。

横浜教育ビジョン2030に示された教育の方向性である「多様性を尊重し、つながりを大切にした教育を推進します」とは、「多様な価値観や個性を尊重し、子どもや学校を取り巻く、様々な『ひと、もの、こと』のつながりを大切に」することだと解説されている。外国につながる児童生徒が多いことによる多様性は、横浜の学校ならではの特色であり、このことが日本人児童生徒にとっても、外国につながる児童生徒にとっても他者との関わりや協働を実体験として学ぶ貴重な機会になることだろう。そのためには、お互いの文化や考え方を理解し合える取り組みが必要である。国を越え、様々な人が共に学ぶ学校において、全ての児童生徒が横浜の教育が目指す「自ら学び　社会とつながり　ともに未来を創る人」に成長していくことができるよう、教育委員会としても各学校への支援に力を入れていきたい。

❖参考資料1　JSL評価参照枠と学習項目の段階及び日本語指導のプログラムとの関係

JSL評価参照枠			
ステージ	学齢期の子どもの在籍学級参加との関係	学習項目の段階	日本語指導のプログラム
1	学校生活に必要な日本語の習得が始まる。	初期指導（前期）	
2	支援を得て、学校生活に必要な日本語の習得が進む。	初期指導（後期）	
3	支援を得て、日常的なトピックについて理解し、学級活動にも部分的にある程度参加できる。	教科につながる初歩的な学習	
4	日常的なトピックについて理解し、学級活動にある程度参加できる。	教科につながる基礎的な学習	
5	教科内容と関連したトピックについて理解し、授業にある程度の支援を得て参加できる。	教科につながる学習	
6	教科内容と関連したトピックについて理解し、積極的に授業に参加できる。	教科学習	

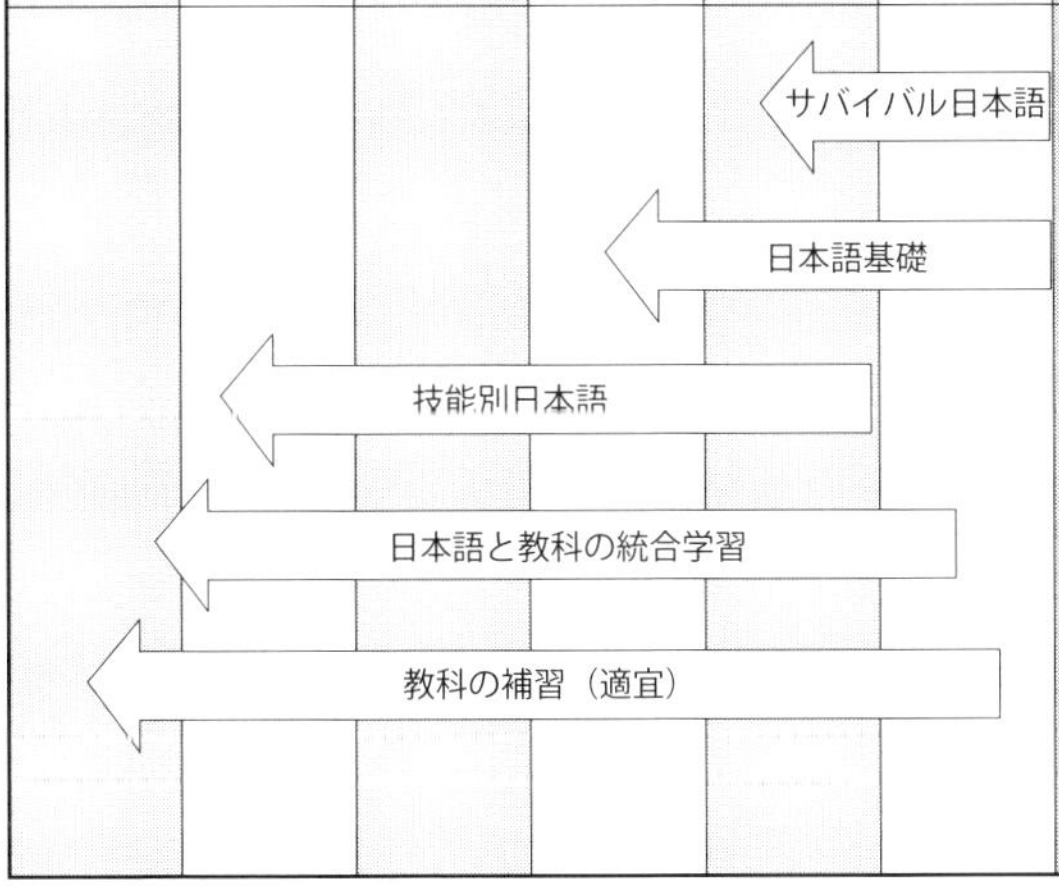

❖参考資料2

教同第18号
平成13年6月15日

市立学校長

教育長

「だれもが」「安心して」「豊かに」生活できる学校を目指して（通知）

21世紀を生きる子どもたちが、未来に向かって明るい希望を抱き、自らの夢に挑戦していくことのできる学校づくりは、私たち共通の願いです。そのためには、豊かな人権感覚をもった教職員のもとで、自分の夢や希望を実現できる環境が必要です。

しかし、これまで教育委員会事務局及び学校では差別事件が起き、また教職員と子ども、教職員と保護者との間においても多くの問題が起きています。子どもたちにとっては、夢や希望を語る楽しいはずの学校であるにもかかわらず、このような現状があることを重く受け止め、教育委員会全体、とりわけ教職員一人ひとりが自分の問題として真摯に捉え直さなければなりません。

教育委員会事務局や学校におきましては人権啓発研修が行われておりますが、これまでの人権啓発研修に取り組む自分自身の姿勢をもう一度見直すことと、子どもや保護者、「まち」の思いや願いを受け止められる自分であったのかを、今こそ問い直すことが必要です。

今学校では、ゆめはま教育プランに掲げる「生き方の教育」を推進しております。推進にあたっては、子どもたちだけではなく、教職員自身も子どもや保護者の思いや願いから学び、教職員である自分を見つめ、教職員である自分を創っていくことが大切です。子どもたちにとって最大の教育環境は、教職員一人ひとりであるからです。

21世紀の人づくりを担う教職員一人ひとりが、自己の意識を問い直し、人権感覚を豊かにするために、積極的に人権啓発研修に取り組むようお願いします。

また、校長・副校長におきましては、いっそうの自己啓発に努めるとともに、豊かな人権感覚を備えた管理職として、人権尊重の精神を基盤とした学校運営にリーダーシップを発揮されますよう期待します。そして、「だれもが」「安心して」「豊かに」の視点で楽しい学校づくりを目指していきたいと思います。

❖参考資料3

教人第15号
平成15年5月21日

市立学校長

教育長

人権尊重の精神を基盤とする教育（人権教育）について

1　はじめに

横浜市教育委員会は昭和52年11月に制定した「同和教育に関する基本的な考え方」及び平成3年6月に制定した「在日外国人（主として韓国・朝鮮人）にかかわる教育の基本方針」に基づいて、横浜市の「人権教育」を推進してきました。

また、平成13年6月には教育長通知『だれもが』『安心して』『豊かに』生活できる学校をめざして」及び課長通知「人権啓発研修の推進について」を出し、21世紀を生きる子どもたちが、未来に向かって明るい希望を抱き、自らの夢に挑戦していくことのできる学校づくりの必要性を発信しました。

こうした状況を踏まえ、横浜市教育委員会は、「横浜市学校教育目標・指導の方針・重点」にあるように、全教育活動を通して人権尊重の精神を基盤とする教育をさらに充実するために、理念となる「人権尊重の精神を基盤とする教育（人権教育）」を策定し、一層の推進を図ります。

2　基本的な考え方

「人権」は、だれもが、安心して、豊かに、自分が自分として生き生きと生活する上で不可欠なものです。「人権」がすべての人に保障されるためには、一人ひとりが自分をかけがえのない存在として思えるようになること、ひいては他の人も同様にかけがえのない存在として尊重したいと実感できるようになることが必要です。自分を肯定的に認め、自分に自信をもち、自分を価値あるものと誇れることは、「人権」の基礎をなすものです。

「同和教育」は「差別の現実から深く学ぶ」という原則のもとに、自分と重ねて「身近にある様々な人権にかかわる問題」を捉えることを大切にし、単なる「心がけ」ではなく、自分がしなければいけない具体的な行動につなぐことをめざしてきました。

また、「在日外国人にかかわる教育」においても、互いに安心して違いを出し、認め合い、豊かに生きることをめざしてきました。

だれもが、安心して、豊かに、自分が自分として生き生きと生活できる学校や「まち」を目指す「人権尊重の精神を基盤とする教育（人権教育）」を推進します。そのために、今までの「同和教育」や「在日外国人にかかわる教育」の理念や成果を生かし、一人ひとりが自分をかけがえのない存在として思えるようになる取組を推進します。そして、「人権尊重の心がけ」や「人権に関する知識の習得」だけでなく、身近にある様々な人権にかかわる問題を自分と重ねて捉え、様々な差別に対しておかしいと気付き、具体的に行動する力を育成します。

3　具体的な取組　～「だれもが」「安心して」「豊かに」生活できる学校を目指して～

（1）人権尊重の意識を高める取組の推進

まず学校は、目の前の一人ひとりの子どもの課題を、「だれもが」「安心して」「豊かに」の視点から、明らかにし、子どもの課題の解決をめざす取組から始めることが必要です。

そのためには、保護者や「まち」とつながりながら、目の前の一人ひとりの子どもの背景をしっかり見つめることが必要です。

（2）「自尊感情」の育成を目指す取組の推進

自らの個性を生かしながら、主体的に学び考えることを通して、「自尊感情」を育成する様々な取組を日常的に展開していくことが必要です。この取組を進めるためには、自ら学ぶ意欲と社会の変化に主体的に対応できる能力を育成するとともに、基礎・基本を重視し、子ども一人ひとりを生かす教育を充実する必要があります。特に個々の学習意欲の向上や教育内容の厳選、個に応じた具体的な教育活動の推進等により、基礎・基本の確実な定着に努める取組が大きな要素となります。

このことは、子どもたちが自らの進路を切りひらいていく上でも、また生涯にわたって豊かな自己実現を図ろうとするためにも必要です。

（3）様々な人権にかかわる問題の解決を目指す取組の推進

目の前の子どもの課題の解決をめざすとともに、日本や世界の様々な人権にかかわる問題の解決を目指す取組を推進することが重要です。そのために、子どもの発達段階に応じて、様々な人権にかかわる問題の解決を目指す教育内容を意図的・計画的に考えることが必要です。

（4）教職員の研修の推進

学校においては、子どもにとって最大の教育環境は教職員一人ひとりです。教職員一人ひとりが、子どもの教育に携わるものとして、身近にある様々な人権にかかわる問題を自分の問題として受け止め、人権啓発研修の必要性を認識することが必要です。そして、自己の意識を問い直し、人権感覚を豊かにするために、「かまえる、やらされる人権啓発研修」ではなく、積極的に人権啓発研修に取り組むことが必要です。

第２部

世界とつながり、世界へはばたく

―学校の取り組み―

第1章 飯田北いちょう小学校

宮澤 千澄（校長）

1 学校の紹介と学校経営のビジョン

飯田北いちょう小学校は、横浜市の西部、泉区上飯田町に在り、西は大和市、北は瀬谷区、南東は戸塚区、北東は旭区に囲まれた地域で、泉区の北西部と県営いちょう団地を学区にしている。かつては田園風景の広がる農村地帯だったが、１９７０年代後半にいちょう団地が建設され、急激に人口が増加したため、１９７３年にいちょう小学校が開校し、１９７９年に飯田北小学校が開校した。一時期は、両校合わせて児童数約３、０００人の地域だったが、２０１４年度より両校が統合し、現在は児童数およそ２７０人となっている。統合前の２０１３年度には、飯田北小学校、いちょう小学校ともに、全学年単級で児童数はおよそ１７０名だった。そのうち外国につながる児童数は飯田北小学校が29％、いちょう小学校が74％だった。２０１８年度には統合５年目を迎えたが、児童数は年々減少し続けており、単級の学年も再び生じた。

統合した５年間の外国につながる児童の推移は次のとおりである（**図表２－１、図表２－２**）。

学校教育目標と学校スローガン

飯田北いちょう小学校の特色の一つは、外国につながる児童が多数在籍することであるが、外国につながる児童が増えたのは、１９９８年まで隣接する大和市に「インドシナ難民定住促進センター」があったことと関係する。研修が終わりセンターを出た難民の方々が県営のいちょう団地に住むようになり、さらに、難民の方々の呼び寄せ家族に加え、中国帰国者家族等も入居するようになったことが大きな理由である。近年は、家族の増加に伴いより広い近隣の住居を求めて転出していくことも

図表 2-1　全校児童数・外国につながる児童数の推移

年度	2014	2015	2016	2017	2018
全校児童数（人）	315	320	284	283	265
外国につながる児童数（人）	161	166	154	157	142
（割合）	51%	52%	54%	55%	54%

図表 2-2　国・地域別外国につながる児童数（2018 年度）

国・地域	外国につながる児童数（人）
ベトナム	61
中国・台湾	40
カンボジア	26
ラオス	10
その他	5
合計	142

見られるようになっている。

このように例年10か国前後の外国につながる児童が在籍する学校であるので、多文化共生を学校教育の柱に据えている。両校の統合を記念する「開校記念式」においては、飯田北小学校といちょう小学校が実践してきた素晴らしい教育をさらに発展させ、世界に羽ばたく優秀な人が育つ学校になること、すなわち多文化共生教育の期待が込められた開校宣言を横浜市教育委員会から受けている。

本校では「児童一人ひとりが安心して通える学校・安心して生活できる学校」を目指し、これからのグローバルな社会で活躍する人を育てたいという願いのもと、「心つながり　笑顔ひろがり　世界へはばたく」を学校目標に掲げ、全職員で児童一人ひとりを見つめ、見守り、指導をしている。国の違いにより生じる文化・習慣・宗教等の違いを尊重し合い、一人ひとりの人としての違いを認め合い、多様性を認め合える児童の育成を目指している。

コラム

いちょう小学校の卒業生として、横浜市の小学校教師として

吉野　孝智（2005年度いちょう小学校卒業生）
現 横浜市立相沢小学校教諭

いちょう小学校が創立30周年を迎えた2002年、私は3年生としていちょう小学校に在籍していま

した。クラスには多くの外国につながる児童がいて、私自身も外国につながる児童でした。両親は中国人で、私も４歳までは中国籍でした。

いちょう小学校には、私のような外国につながる児童が多く、外国から転入してくる児童も多かったです。クラスの中には色々な国の友だちがいて、色々な文化が混ざり合っていました。その状況が普通で何も違和感はありませんでした。転入生が来ると「どこの国から来たの？」、新しい先生が来ると「先生はなにじんなの？」と質問をするのはいつものことでした。クラスの中でも、日本人だから、外国人だから、と考える友だちはいませんでした。国籍の違いや文化・言語の違いは、運動が苦手な友だちや勉強が得意な友だち、話をするのが上手な友だち、リーダーシップがある友だちというように、一人ひとりの個性としてみんなが認識していました。

小学生の間は、自分が「なにじん」なのかをはっきりと自覚していたわけではありませんが、家では中国語・中国文化で過ごし、玄関を出てからは日本語・日本文化を感じながら過ごしていました。私にとっては、学校生活で経験すること、学校で出会う先生たちから学ぶことが日本文化でした。

私が自分のルーツと向き合ったのは、中学生になってからでした。地域で活動していたボランティア団体での出会いが人生を変えてくれました。外国にルーツを持つ大学生から「君はなにじんなの？」と聞かれ、私は「日本人だよ」と答えました。しかし、「本当に？」と再度、大学生から聞かれ、すぐに心が揺らいでしまいました。「日本人だよ」と心の底から言い切る自信がなかったのです。そのときから、大学生にも協力してもらい自分のルーツを探し始めました。探し始めてしばらくして、「自分は中国人なのかもしれない」と考えるようになりました。それからさらに、たくさん悩み、葛藤し、中国と日本の歴史を勉強してきました。中学生・高校生のときの自分にとっては、考えたくないと思うこともたくさんあり、苦しくなりましたが、最終的には様々な人の助けを借りながら「日本国籍だけど中国人」という、自分の表現方法を見つけることができるようになりました。

自分のルーツやアイデンティティを考えるうえでいちばん良かったことは、両親と話ができたことです。なぜ、日本国籍を取得して日本で永住しようと思ったのか、中国での暮らし、日本での暮らしを両親はどのように感じていたのか、大学生になって両親と自分のルーツについて話ができたことで、今の自分があると思っています。

私は今、横浜市の小学校の教師です。「日本国籍だけど中国人」の私が教師となり、同じ外国につながる児童にできることはどんなことがあるのだろうと日々、児童と関わる中で考えています。現在勤務している横浜市立相沢小学校には、外国につながる児童が多数在籍しています。日本語の問題を抱えている児童、出身国との行き来を繰り返し、安定して学校に通うことのできない児童、そして、自分と同じルーツやアイデンティティの問題に苦しむ児童、様々な問題や悩みを抱えて毎日学校に来ています。

教師として、外国につながる児童の先輩として、どんな言葉をかけていくのか、どんな支援をしていく必要があるのか、具体的に考えていかなければいけません。私の経験を参考にし、外国につながる児童たちが学校生活を送るうえで、少しでも困難が減るように、安心して学校に通えるように、支援のあり方を考えていきたいと思っています。

２　多文化共生を進める取り組み

（１）「日本語教室」と「国際教室」

横浜市では、専門の日本語講師による日本語の初期指導や生活適応指導を行うため、１９８６年に日本語教室が設置された。旧いちょう小学校には、１９９８年に設置され、本校に引き継がれている。日本語指導の専門の講師の先生には、日本語指導について相談にのってもらったり、情報共有を図ったりして、児童の初期日本語指導が円滑に行われるようにしている。

一方、国際教室は、旧いちょう小学校に１９９２年に、旧飯田北小学校に１９９３年に設置され、本校に引き継がれている。国際教室では、担当教員による日本語指導や教科指導、日本語支援非常勤講師と外国語補助指導員、母語支援者による言葉の支援等、児童の日本語力に応じたきめ細かな指導を行っている。

具体的には、年度当初に国際教室担当教員が１週間かけて全ての教室に入り込み、児童たちの授業の様子を観察し、日常会話には問題を感じない児童でも教室で授業を受けるのに困っていないかを丁寧に見つめ、状況等を把握し、国際教室を中心とした支援体制を組んでいく。そして、初期日本語指導から段階を踏んで、取り出し指導を行っていく。国際教室での支援は、児童が教室で単独でも教科指導が受けられるようになるための橋渡しのための支援である。それ故、学級担任との連携は欠かせない。国際教室担当教員は、より効果的な指導にするために学級担任はもとより、外国語補助指導員や母語支援者との連携を図り、より良い支援体制にするためのコーディネートに努めている。

コラム

「コクサイキョウシツ」への配属

佐藤 麗（国際教室担当）

教員人生のスタートに「コクサイキョウシツを担当してください」と赴任先の校長先生に言われ、私の頭の中は?マークでいっぱいになりました。国際教室の名前を間違えて「国際理解教室」と言っている自分に気がつきました。私は、自分の仕事について何もわからずに、新年度とともに飯田北いちょう小学校に着任しました。

最初の発見は、校内に様々な言語が飛び交っているということでした。休み時間には、同じ国の友だちが母語で会話をしていることが、とても新鮮で面白いなと感じました。来日して間もない子どもが喧嘩をした時に、別の子どもが担任の話を通訳している姿は、この学校ならではのことだと思いました。

私は「国際教室」で1年生から3年生までの日本語指導を担当しています。来日したばかりの子どもの中には、すでに友だちがいる子どももいますが、誰も知り合いがおらず不安な中、登校してくる子どももいます。色々な国の子どもが、国際教室では一緒に勉強をしています。その中で、「自分はどこの国の出身である」と言ってくる子どもや、「先生はどこの国?」と問いかけてくる子どもがいます。このような体験ができるのも、この学校ならではだなと思いました。

　私は日本語の指導をする中で、自分自身の話す速さや言葉の使い方について、意識する必要があるのだということを学ぶことができました。また、子どもの会話能力が上がっても、書いたり読んだり、内容を理解することは容易ではないということも学ぶことができました。子どもが、すぐに使える日本語があれば、なかなか普段使うことができない日本語もあり、難しさを感じました。

　母国での学習経験のある子どもには、母語を用いた日本語学習を行いました。日本語で書かれたカードの裏に母語を書いてあげると、意味をすぐにとらえることができ、とても有効でした。国際教室には、母語と日本語と絵がセットになっている掲示物がありますが、子どもたちはそれを見て自分のことを日本語で表現することがあります。このことから、子どもたちの学ぼうとする姿を感じ、一日も早くクラスで日本語を使えるようにしていきたいと思っています。

　子どもたちと一緒に学び、子どもたちに母語を教えてもらい、その国のことをたくさん知っていくことができることは、私の大きな喜びです。最近、ベトナム料理店でベトナム語の単語が聞き取れたことは大きな発見でした。子どもたちの学びも、日々の生活の中で培っているものもあるということを思わされました。

　横浜市内の国際教室は、現在増えてきていますが、まだまだ数多いとはいえません。その状況の中、私は国際教室担当として、貴重な体験を日々することができています。今後、私が日本語の指導をする中で大切にしていきたいことは、子どもたちが自信をもって日本語を話せること、使えることです。言葉の壁を感じることなく、その子らしさがクラスを超えて発揮できるように支援していきたいです。

（2）全校での取り組み

①少人数指導

本校においては、国語、算数の学習に関しては、全学年で「少人数指導体制」をとっている。学年・ブロック等で連携し、共通の目標に向かって協働していくために、学年内で時間割を揃え、2クラスを学級担任と少人数指導担当者、日本語支援非常勤教諭、国際教室担当者が加わり、最大5名の教諭で指導している。

学級での学習を担任が一人で指導するのではなく、学年の他の担任や少人数指導担当者、日本語支援非常勤教諭、国際教室担当者、学生ボランティア等多くの指導・支援者が授業に関わることによって、児童一人ひとりをよりきめ細かく指導する体制が実現してきている。

コラム

母語支援サポーターとして感じていること

岳　歓歓（母語支援サポーター）

飯田北いちょう小学校で学習支援をして一年が経ちました。感じたことが二つあります。

一つは、高学年から日本に来る児童が日本語で会話するチャンスが少ないということです。学校では日本語がわからないまま過ごしていて、家に帰ったら母国語の環境に戻っていきます。自分の意思を日本語で上手く表現できないため、日本人の友だちがつくりにくいのです。日本語でしゃべろうとしても、周りに聞き流されたりしてしまいます。そのため、同じ出身国の児童が集まるようになってしまいます。

もう一つは、日本語を正しく使えないため、周りの友だちに誤解されることです。たとえば、「消しゴムを忘れたので貸してください」と「消しゴムを忘れたから貸してください」ではインパクトが違います。「から」は強い主張を表すときによく使われますが、「ので」は原因・理由を表すときによく使われます。外国人児童がただ理由を説明したいだけなのに、知らないうちに相手に強い言葉を使ってしまったのです。

日本語には細かいところでニュアンスが変わっていく言葉がたくさんあります。これは外国人にとって難しいところです。もし、学校で会話の練習を増やしていたら、外国人児童が日本語をもっと早く正しく習得できるのではないかと感じています。

私の息子も毎日、日本語と中国語との間で奮闘しています。私も夫も中国出身のため、よく中国語で会話します。春休みなど、よく中国へ帰ります。私は親とはほぼ毎日ネットでチャットしています。そのため、息子は毎日中国語を聞いていました。また、日本の幼稚園や幼児教室に通っていたため、日本語も毎日聞いていました。日本語も中国語も上手くできるのではないかと思っていましたが、実はどちらも同じ年齢の言葉レベルに達していません。焦って悩んだ末、代弁してあげて、復唱してもらう方法を見つけました。

最近、息子はよく私の口調で私に注意をしてくるようになりました。これも会話の練習の成果ではないかと感じています。

②総合的な学習

「命」や「平和」を考える学習では、5年生が「JICA横浜」を訪れ、日本から外国に移住した移住者について学ぶ機会をつくっている。これを受けて6年生は、夢と希望を追い求めて母国を出て難民となった方、第二次世界大戦で中国大陸に残された中国帰国者の方々の体験談を伺い、平和の大切さ、命の尊さについて考える機会を得る。これを「よこはま国際平和スピーチコンテスト」につなげ、4年生以上がスピーチコンテストに向けて自分の考えをまとめ発表している。校内でもスピーチコンテストを実施し、全校挙げての取り組みとなっている。「よこはま国際平和スピーチコンテスト」とは、国際平和の大切さを広く世界に呼びかけるために20年以上も続いている毎年約5万人の児童・生徒が参加している「よこはま子ども国際平和プログラム」の事業の一つである。

２０１７年度は、11歳のときに母国ベトナムから難民として日本に避難してきた方の体験談を聞いた後、「人は違って当たり前、違いがあるから楽しいし、違いを認め、違いを楽しむことが平和への第一歩」と教えていただいたことから「人は違って当たり前。違いを認め、一人ひとりが輝けることが大切」と考えスピーチした本校の代表児童が、横浜市の「よこはま国際平和スピーチコンテスト」で市長賞を獲得し、横浜市のよこはま子どもピースメッセンジャーとしてニューヨークの国際連合本部等の訪問を行った。帰国後、全校児童に向けての報告会を行い、学校の取り組みが世界につながったことを児童たちは実感することができた。

③読書活動

図書委員による読み聞かせ

本校の多くの児童は「横浜市学力学習状況調査」において、「図書館に行くのが好きだ」と答えており、その割合が横浜市の平均に比べてたいへん高いという特徴が見られる。本校では、この特徴を活かそうと図書委員や学校司書による「読み聞かせ」に力を入れてきている。「横浜市学力学習状況調査」とは、２０１０年度から始まり、毎年横浜市内の全小中学生を対象に行っている学力調査と生活・学習意識調査のことである。

２０１７度には、横浜市教育委員会西部学校教育事務所の事業に応募し、「本が好きになる読み聞かせのシャワー」と題して読書活動の推進・充実に努めた。また、日本語の習得に加え、母語の保持や母語に親しむためにも絵本が有効と考え、日本語の絵本だけでなく、母語の絵本を読むことも薦めており、図書室に絵本の蔵書を開架することを心掛けている。

コラム

多文化共生の学校図書館づくり

佐藤 貴子（学校司書）

2校が統合され、本校が誕生して2年目に、私は初代学校司書として赴任しました。早いもので、2018年で4年目を迎えます。着任前は、外国につながる子どもの割合が半数を超える小学校、その国は数か国にわたると聞いて、楽しみな反面、不安な気持ちも抱いていました。今思うと笑ってしまうことですが、言葉が通じない子どもたちとの接し方を心配していたのです。着任し実際に話してみると、その不安が杞憂であることがわかりました。外国につながる子どもたちのほとんどは、普段日本語中心の生活をしているからです。ですから、図書室で彼らから外国を意識させられることは滅多にありません。たまに仲間同士の外国語による会話が聞こえてきた時ぐらいです。

また、外国につながる子どもが多い学校は、図書館の蔵書も他の小学校と比べて大きな違いがあるのではないかとも思っていました。しかし、着任当時、意外なことに蔵書内容も一般的な小学校とあまり変わりありませんでした。唯一の相違点らしきものは、「社会科学」の世界の文化やアジアの地理・歴史に関係する蔵書数が比較的多いことだけでした。その後、旧いちょう小学校から外国語の絵本などが20冊あまり運ばれてきました。カンボジアの絵本６冊、ベトナムの絵本３冊、中国語の絵本５冊（ピノキオ、美女と野獣、オズの魔法使いなど）と小説４冊（史記、西遊記、水滸伝など）とフィリピンの絵本４冊が主なものです。これらの本の多くは、前任の学校長が旅先で買い求めてきたものだと聞いています。旧いちょう小学校にあったこれ以外の外国語の本は、現在、ボランティア団体の「多文化まちづくり工房」に置かれています。

外国につながる子どもたちは、これらの本を時々手に取って読んだり、借りていったりしていますが、今後こういった本を増やすことができれば、母国語や自分のルーツである国の言葉に触れる機会が多くなるのではないかと思います。図書予算の増額や本の購入ルートの確立が是非とも望まれます。

本校の子どもたちは総じて本好きが多いです。天候によって混み具合は違いますが、中休みや昼休みの図書館は、貸し出しや返却のために訪れる子どもたちで毎日結構賑わっています。時々日本語がほとんどわからない転入生がクラスメイトに連れられて突然に図書館にやってくることがあります。そして、友だちに通訳してもらいながら展示されている本の中から気に入ったものを選んで借りていきます。彼らに特に人気があるのは、科学漫画のサバイバルシリーズです。一回で終わらずに次々と本を借りていく外国からの転入生も珍しくありません。子どもは、大人と違って未知なるものに挑戦していく心の柔軟性が高いなといつも感心させられます。だからこそ外国語のマスターも速いのだと思います。

暗くて殺風景だった図書館を少しでも魅力的な場所にしようという努力が功を奏したのか、図書館を利用してくれる子どもたちは年々増加しています。いちばん心掛けたのは、本を手に取りやすい環境づくりです。表紙を見せて展示すると、図書館にどんな本があるのかがわかって、本の宣伝にもなります。そのときすぐに借りなくても後日やって来て、「あそこにあったあの本」と言って借りていくこともよくあります。また、手垢で汚れた本はきれいに磨いて、子どもたちがいつも抵抗感なく手に取れるようにしてあります。展示した本が次々と貸し出されていくのを見ると本当に嬉しくなります。

　本校の子どもたちは、どの子も本当に素直でかわいいです。低学年の子どもたちが、好きな本を見つけて借りた後、本を両手で胸に抱えて嬉しそうに図書館から出ていく姿を見るたびに、抱きしめたくなるほど愛おしい気持ちになります。そして、健やかな成長を願わずにはいられません。図書館は、社会や世界で生きる力の基礎を身につけられる場所です。

　これからも子どもたちと本を繋ぐため、最大限の努力をしていきたいと思います。

④多文化共生委員会

　本校の委員会活動の中に「多文化共生委員会」（いちょう小時代より活動、統合1年目の２０１４年度設置）があり、「日本の子どもも外国につながる子どもも仲よく生活できる学校にしよう」という目標を設定して２０１７年度まで様々な活動を実施してきた。

　その一つとして、毎年12月の「人権週間」に合わせて、カンボジア募金に取り組んできている。集めた募金は、民間団体を通して自転車に換えたりして、ベトナムやカンボジアの子どもたちに届けられている。実際に自転車を受け取った子どもたちから感謝の手紙が届くことにより、募金が役に立っていることを実感できる取り組みになっている。

他にも運動会のプログラムの中で、２０１５年度からは外国につながる子どもの国の踊りを全校ダンスとして取り組んできている。その中心となるのがこの「多文化共生委員会」の子どもたちである。本委員会の子どもたちは、まず自分たちが放課後や休み時間に指導者から踊りを教わり習得してから、全校の仲間に教える役割を担い、そして、運動会当日の踊りの発表においては、全体をリードして活躍する姿を見せている。

⑤その他の多文化共生を進める取り組み

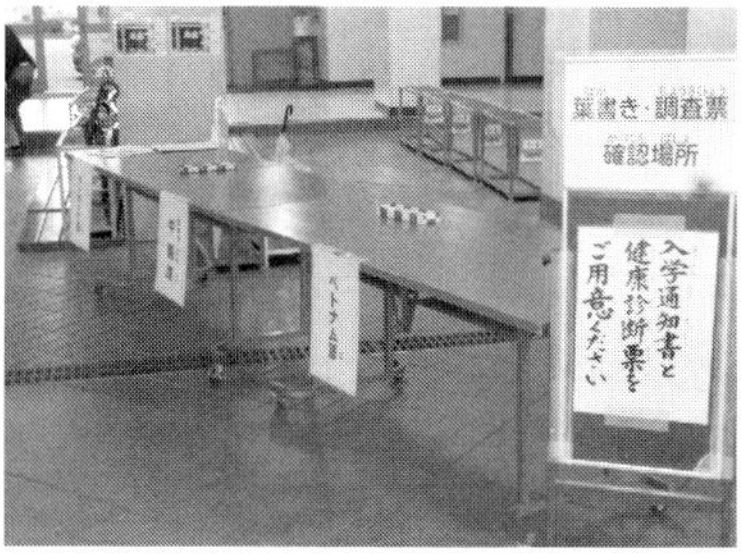

就学時健診での言語別受付

毎年度、４月当初の学級・学年懇談会の際に実施している「学校説明会」において、よりよい学習環境をつくるために、学習や友だち関係の不安をはじめ、子どもの学校生活に関する保護者の様々な疑問に丁寧に答え、そして、学校教育に対する期待や願い等を伺うことを大切にしてきている。その際、より多くの質問・要望等を伺えるようにするために、多くの通訳の方々に協力をお願いしている。通訳については、常駐以外の言語の通訳の方にも来ていただき、保護者の席に座ってもらい、安心して会に臨めるようにしている。また、家庭訪問や行事の説明会等においても通訳をお願いして、安心して学校にきていただけるように心がけている。さらには、多言語版での表示を心がけ、就学時健診等の案内板も言語別に受付を設置している。加えて、入学式や卒業式の式辞においても、ベトナム語と中国語に関しては、その場で通訳するとともに、「おめでとう！」等のメッセージも

昇降口の多言語版あいさつ

学校入口近くの多言語版スローガン

多言語で掲示するようにしている。

運動会においては、多文化共生委員により児童のつながる国全ての言語で「がんばろう！」の発表と多言語版の掲示も行っている。また、プログラムや競技等に関するアナウンスについても、外国につながる児童によるアナウンスを行っている。他にも本校の昇降口には、多言語版でのあいさつの大きな掲示板があり、多言語によるあいさつ運動を運営委員会（児童会）の児童たちが自主的に実施し、「今週は〇〇語のあいさつで迎えよう。」という取り組みを行っている。これは、児童の話し合いの中で、「みんながいろいろな国のことばであいさつすれば、日本語が苦手な友だちも安心できる」「全校の友だちが、いろいろな国のあいさつを覚えることができる」と出てきたことによるものである。児童自身がこのように考えて実践に結びつけたことは多文化共生を学校教育の柱にしていることが、児童の中にも根付いてきたと考えられる。

コラム

多文化共生の学校ホームページづくり

中澤 雅志（事務職員）

飯田北いちょう小学校のホームページは、これまで多文化共生で多くの取り組みを行ってきたいちょう小学校と、歴史ある地元の方々に支えられながら教育活動を行ってきた飯田北小学校の保護者や地域をつなぎ、統合後の教育活動が円滑に行われるよう情報発信をするために、開校して２か月後の２０１４年６月に開設されました。

開校直後の飯田北いちょう小学校は、旧いちょう小学校の統合先として、テレビや雑誌などに取り上げられることが多く、旧飯田北小学校地区に住む保護者や地域の人々の中には、戸惑いを持っている人も少なくありませんでした。時には多文化共生としてフォーカスされるあまり、通常の教育活動が疎かになっているのではないかという心配の声が学校に寄せられることもありました。

言うまでもなく、本校は他の学校と変わらない教育活動を行っている横浜市立の小学校です。また、学校が健全にその活動を維持していくためには、保護者や地域の協力が不可欠であることは言うまでもありません。

こういった状況を踏まえ、本校のホームページは、日々行われている教育活動や活動への協力に対する感謝の気持ちを、保護者・地域の方々に向けて丁寧に伝えることで、少しでも安心してもらえることを目的につくられています。また、可能であれば日本語があまり読めない保護者や地域の方々にも見に来てもらえるよう、写真は活動の様子がよくわかるような構図に、文章は写真の周りに収まる数行程度の簡単な日本語を添えるように心がけています。また、特別な操作や画面の切り換えの必要がないように最新の記事がトップページに映るようなデザインになっています。

５年目を迎えた現在も、日々のアクセス数は50件程度とそれほど多くはありません。しかし、学校に足を運ぶことが難しくなった地域の方に感想をもらったり、保護者の方から意見をもらったりすることもあり、担っている役割はアクセス数以上に重要だと感じています。多文化共生の学校という観点から、飯田北いちょう小学校のホームページを来訪された方には、掲載されている内容に物足りなさを覚えることもあるかもしれませんが、写真に映る子どもたちの笑顔は、ここまで保護者や地域の方々の協力を得ながら、多文化共生に取り組んできた本校の成果であるとともに、横浜にある小学校の日々の教育活動のひとコマなのです。その点を理解した上で、今後も、折に触れて訪れていただきたいです。

(3) 地域と連携した取り組み

① 「小・中連携（中学校ブロック）」での取り組み

１９９８年に設置された「上飯田地区４校連絡会（いちょう小・飯田北小・上飯田小・上飯田中）」は、外国につながる住民が多数居住する本地域において多文化共生の学校づくり・地域づくりを目指してここまで多様な実践活動を展開してきている。

２０１２年度からは、横浜型小中一貫教育の実施に伴い、教職員の積極的な交流や授業参観等を行い、上飯田中学校ブロックのカリキュラムによる教科指導や児童生徒指導が行われている。そして、２０１４年度からは、飯田北小学校といちょう小学校の統合に伴い、４校から「３校連絡会」になった。

ＰＴＡ活動についても、定期的に交流会をもつなど、上飯田中学校ブロックの３校では学校と家庭の連携を含めた取り組みが行われている。ちなみに、この「３校連絡会」の前身にあたる「上飯田中学校ブロック４校連絡会」は、２００３年に、これまでの実践が評価され「第34回博報賞」を受賞している。

このように、この地域における小中ブロックでの取り組みには歴史があり、それを受け継ぎ、３校代表者の計画による３校教職員の連絡会・研修会や３校児童生徒交流会の開催、３校合同の授業研究会等が活発に行われている。特に年度当初には講師を招き、この地域の特色を理解するとともに、多文化共生に向けた教育活動の在り方等を学び合う研修会を実施している。

②「まち」や地域ボランティア団体及び大学との連携

多様な家庭環境に育つ児童一人ひとりをより多くの目で見守るとともに、保護者同士及び保護者と地域の方々とのネットワークづくりを推進することは、児童の健やかな成長、より安心して豊かに生活することのできるまちづくりを目指すうえで極めて重要なことと捉えている。そのためにも『まち』と共に歩む学校づくり」の活動にも力を入れ、多様な連携・協働の場を創造している。

具体的には、上飯田連合自治会、いちょう団地連合自治会、「子ども会」「学童クラブ」「青少年育成協議会」、さらには児童の日本語指導や学習支援に携わっている地域のボランティア団体等との日常的・継続的な連携・協働を推進したり、地域行事に積極的に参加したりするなどして、各団体と顔の見える関係をつくり、多方面から児童を取り巻くネットワークづくりを進めている。

また、学習支援に関しては、地域のボランティア団体と日常的な情報交換・相談等を行いながら連携を図っている。特に「多文化まちづくり工房」の方々にはたいへんお世話になっている。入学前のプレスクールや放課後学習教室、夏休み学習教室等を通して、家庭学習の困難な児童に学習の補完をしていただいている。

いちょう団地まつりで踊る児童たち

この他にも、朝の本の読み聞かせボランティア、学習支援ボランティアをお願いしたり、家庭科の実習の時間等のお手伝いをしていただいたりしている。さらに本校は、児童の日本語指導や学習支援にかかわって、2001年度より東京学芸大学の齋藤ひろみ教授の研究プロジェクト（外国籍児童への日本語指導に関わる研究、国際教室における日本語指導カリキュラムの開発研究）との協働研究に取り組んできた。

2004年3月にプロジェクトは終了したが、その後も齋藤教授には校内授業研究の講師として、「多様な言語文化背景をもつ児童への教育支援」についてご指導・ご助言をいただいてきている。そして、その指導を基に全教員で研究協議を重ね、よりよい日本語指導・学習言語支援について相互の学びをつくり出してきている。

学生ボランティアについては、東京学芸大学だけでなく、明治学院大学、横浜国立大学、鎌倉女子大学、フェリス女子大学など多くの大学の方々にサポートに入っていただき、授業中の児童への声掛けをはじめ、様々な作業や活動への支援をしていただいている。

コラム

多文化共生のまちの中の学校と団地

八木 幸雄（いちょう団地連合自治会長）

１９７１年に入居の始まったいちょう団地は、本年で47年の年月が経過しました。旧いちょう小学校が開校されたのは１９７３年です。当初はほぼ日本人だけが暮らし、児童数は２０００人を超え、プレハブの仮設校舎が立ち並び、一時は入卒業式を校庭で行うほどでした。団地内には子どもたちの笑顔とはしゃぐ声が満ち溢れていました。今でも当時の活気ある団地の様子を懐かしく思い出します。

現在の多国籍化した住民構成の背景には、１９７９年に大和市に「インドシナ難民定住促進センター」が設置され、日本語教育・健康管理・就職斡旋等の支援が行われたことがあります。そして、いちょう団地に多くのインドシナにつながる人たちが居住するようになりました。あいまって中国帰国者の家族の呼び寄せもあり、外国籍住民の入居者数が急激に増加したのでした。言葉も生まれも育った環境も、住民自治の考え方も異なる住民同士が集合住宅という環境の中で、共同生活を行うということには、当然困難が待ち受けています。ゴミの分別のマナーや生活騒音に対するトラブルは日常茶飯事であり、住民同士が協力して行う共用部分の清掃や管理、また交通マナー等、様々な認識の違いを解消すべく意思の疎通に苦慮しているのが現況です。

現在、通学中の子どもたちの大半が日本で生まれ、日本で育ち、日本の人たちと関わり合い、いちょう団地で生活しています。ある時、自治会の会議に親と同席して一生懸命日本語の通訳をしてくれている子どもを目の前にして感動したことがあります。この子どもらが次代の自治を創造し、将来を担ってくれるだろうと思いました。

「芸は身を助く」という昔からの諺があるように、子どもの頃に学校で教わったこと、体験したことは体が覚えていると思います。そのこと、いわゆる芸が自分の存在価値を生み出す源になり、相手の立場になって物事を考えることで、周りの信頼を得られることにつながるのだと思います。そんな人たちが多く輩出する、今後とも多文化が共生できる団地づくりを目標に、地域と学校の連携を大切にしていきたいと思っています。

③放課後や休日の学習活動

横浜市では、「学童クラブ」に加え、放課後の児童の居場所づくりとして、「はまっ子ふれあいスクール」が開設されており、児童が安心して活動できる場となっている。本校でも、多くの児童が利用しているが、高学年になると関わらない児童も増えてくる。そこで、旧いちょう小学校の校舎の一部を活用して、地域のボランティアの力を借りて、4年生以上の希望する児童に「放課後学習教室」を展開している。また、そこでは「親子の日本語教室」も実施している。これらの活動は、本校の児童の健全育成、安心で豊かな生活づくりのために欠かすことのできない場となっている。学校が統合して、以前ほど教員が関わる機会が減ってしまっているが、国際教室担当教員が窓口となって関係をつなげている。

　また、本校のベトナム語の外国語補助指導員の全面的な協力を得て、放課後にベトナム語の「母語教室」も行っている。他にも「夏休み学習教室」や「夏休みの見回り・声かけ運動」、さらには運動会・お祭りにおいても、保護者、地域の方々、ボランティアの方々との協力・協働を通して相互の信頼関係を強めることにも力を入れている。

コラム

外国語補助指導員としての6年間を振り返って

ファン・ティ・タム・ジム（外国語補助指導員）

　飯田北いちょう小学校で外国語補助指導員として仕事を始めて6年目になりました。成果もたくさんありましたが、悩み事もたくさんありました。

　外国人児童生徒への母語支援は、一つの成果です。私は、転入した子どもたちが安心して学校生活を送れるように、学習支援や生活支援を母語で行っています。ひらがなやカタカナだけだったら、転入生は言葉を覚えるのにそんなに大変なことがないかもしれませんが、漢字がたくさんあるので授業中はとても大変です。教科書や資料はもちろん読めません。ひらがなを読んでも意味がわかりません。ノートに写すのに時間がかかります。日本語がわからないので、グループで何かを話し合うとき、友だちの話もわからないし、自分の意見を言いたいけれど日本語がわからないので言えません。それでも、毎年ベトナムから転入してくる子どもたちは母語支援を受けながら、友だちと一緒に楽しく授業に取り組んでいます。

外国人保護者と学校とのコミュニケーション支援も大きな成果です。学校からの大事なお知らせの翻訳、母国語での電話対応、学校での母国語の面談などを通して、保護者は安心し、学校の教育活動がきちんと理解でき、学校といろいろと協力ができるようになりました。子どもも保護者も文化の違いや習慣の違いから生じるたくさんの困りごとに直面しています。転入生の保護者だけではなく、日本に長く住んでいる保護者もそうです。子どもの教育に対する意識や考え方が日本人と少し違っているところがあるからです。日本の小学校はベトナムと違って、保護者の参加が必要な行事がたくさんあります。その行事はもともとベトナムにはないので、保護者はそういう行事の大切さが十分に理解できていませんし、参加したい気持ちがあまりありません。個人面談、家庭訪問、授業参観、学級懇談会、学校説明会、引き取り訓練、体験学習や修学旅行の保護者説明会、水泳学習などはベトナムではやっていないのです。そして、学校のPTA活動も同様です。前述したような理由で外国人の保護者はPTA活動にあまり協力しようとしないのです。外国人の保護者が学校と協力ができるように丁寧に支援しながら、よく説明していかないといけないと強く意識しています。

これまで成果について述べてきましたが、次のような悩み事も抱えています。一つは、個別支援学級のことです。ベトナムには個別支援学級がありません。そのためベトナム人の保護者は個別支援学級のことについて勘違いしているところがあります。

二つ目は、転入生の子どもたちの将来のことです。転入生たちは、ベトナムではみんな成績が良く、勉強もできていました。しかし、日本に来てからは、日本語が上手にできないので授業がわからないときが多くあります。卒業生の中には公立高校の受験に不合格になる生徒もいました。日本語がまだ定着していないからです。お金が掛かると思いますが、みんながきちんと私立高校に行ければ大丈夫だと思います。もし行けなくて、そのまま就職したら、その子の人生はもったいないなと感じます。あきらめないでほしいです。三つ目は、ベトナム人の保護者のことです。「日本語がわからないので、ＰＴＡの活動に参加できない」と言う保護者も少なくなかったです。これから、外国人の保護者が学校と協力ができるようにどうすればよいのか、学校と一緒に考えていかなければいけないと思っています。

３　今後の課題

本校の多文化共生を柱にした学校づくりは、これまで本校の教育に関わってこられた多くの方々の努力の賜物である。今、これまでの本校の歩みを振り返りながら強く思うことは、幼稚園や保育園等に外国につながる子どもが多くいるこの地域で生活していく中で、児童に自然に培かわれていく多文化共生の感覚をさらに発展させ、大切に育んでいく必要があると言うことである。さらに、この多文化共生の感覚や取り組みを社会にも広めていきたいと思っている。

私は教諭時代に国際教室担当として務めた経験があるが、その中で感じていたことは、国際教室担当教員に必要な力は、コーディネート力すなわち、学校内外で外国につながる児童生徒の支援のために適切な人や部署につなげる力だということであった。このつなげる力を発揮するためには、つながるべき所、つなぐべき人をどれだけ知っているかということが重要となる。しかし、本来このつなげる力は多くの経験を積む中で培われていくものであり、初担任や臨任も多い国際教室担当者にこのつなげる力を求めることは難しい。このことを補っていくためには、学校全体で国際教室担当者を支えていくことが大切である。様々な支援を必要とする児童に対して、より多くの職員が関わっていくように、日本語の支援が必要な児童に対しても国際教室担当者だけではなく、学級担任をはじめとして、学校全体で支えていくという全職員の共通認識が必要である。

取り出し指導を受けている児童の学校生活は、自分の学級で過ごす時間の方が圧倒的に多いのである。どのクラスにおいても、日本語の理解が十分でない児童がいるということを常に意識しながら、全ての教育活動を進めてきているのかを全職員で確認し合い、児童のさらなる安心感につなげる配慮の在り方を追究していかなければならないと考えている。

また、本校では、日本語の全くわからない状況で年度途中に編入してくる児童はそう多くないが、通訳等の手配が難しい希少言語の児童や保護者への支援が十分とは言えない状況にある。言葉の面でいちばん支援が必要な教科、国語の時間を中心に取り出し指導を設定しているが、来日間もない児童にとっては、それ以外の教科での支援が十分に行えていないことも事実である。

さらには、学校生活そのものに支援が必要な来日直後の児童への支援体制の強化とともに、外国につながる児童への国際教室を中心とした支援の一層の充実に学校として取り組んでいかなければならないと考えている。

最後に、学校目標である「心つながり　笑顔ひろがり　世界へはばたく」ということを実現するためには、この目標の目指す児童の具体の姿を職員、保護者・地域の方々と共有していくことが必要だと考える。統合以前より外国につながる児童が多い学校であったが故に多文化共生を学校教育活動の柱にしてきた両校ではあるが、統合したことにより明らかになってきている両校それぞれの違いやよさをさらに認め合い、新しい学校を共に創り上げていくということへの思いをより一層高め強めていくことが何よりも大切なのだと思っている。多様性を認め合うということ、人として何々人としてではなく、一人ひとりの人間として、大人も子どもも安心して通える学校、豊かに様々な人と関わり合って学べる学校を保護者・地域の方々と共に創っていきたいと願っている。

コラム

私の原点はいちょう小学校といちょう団地

福山 満子（元 いちょう小学校PTA代表、現 公益社団法人横浜市福祉事業経営者会コーディネーター）

私は現在、横浜市福祉事業経営者会で、主に神奈川県外国籍県民等の方々に介護の仕事の就労支援をしています。２００９年から２０１７年までに就職者約５５０人、約50か国の方々を神奈川県内の介護の現場に介護スタッフとして紹介しています。２０１７年からは、外国から来た日本語を母語としない定時制の高校生たちの介護職員初任者研修や介護のアルバイトの支援もしています。また、高校生たちの悩みもフォローしています。

私は、外国籍県民の方々や定時制の高校生たちに、自分が外国人であることに誇りを持つと同時に、日本に来て良かったと思ってほしい、日本を好きになってほしいと思っています。そして、日本で幸せになるチャンスを逃さないようにするために、初任者研修後の就職先で日本人スタッフの中に溶け込むことができるように、ベストなスタートが切れるように、研修期間中の介護の勉強だけではなく、介護現場で役立つ日本語やコミュニケーション、ビジネスマナーなど、一人ひとりに丁寧なフォローをしています。

このように、私にとってとてもやり甲斐のある仕事ができるようになったのは、私の原点であるいちょう小学校といちょう団地で出会えた方々がいたからです。私は１９７８年に中国から来日し、１９９０年、結婚を機にいちょう団地に移り住みました。当初は、中国の方がたくさんこの団地に住んでいることも知りませんでしたし、友人もつくれませんでした。しかし、子どもがいちょう小学校へ入学して、私の人生は１８０度変わりました。

いちょう小学校の先生方は、子どもたちや保護者たちを隔たりなく、笑顔で明るく迎えてくださいました。そして先生方は誇りを持って、子どもたちを一生懸命に教育してくださいました。それを見て心から感動した私は、少しでも先生方に協力したいと思いました。

そのいちょう小学校でのＰＴＡ活動やいちょう団地での民生委員・主任児童委員の活動など、様々なボランティア活動を通して、私はもっと日本に来ている在留外国人のためにお手伝いがしたいと思い、横浜市福祉事業経営者会にお世話になることを決めました。

いちょう小学校といちょう団地での活動が今の私の基盤となり、今の私の仕事への自信につながってきています。この仕事は私の自慢であり、誇りです。私は、今後もこの自慢と誇りを大切にして、外国人の方々の幸せのために、精一杯この仕事に取り組んでいきたいと思います。

第2章　潮田小学校

緒方 克行（校長）

1　学校の紹介と学校経営ビジョン

潮田小学校は、1873年に開校し、2018年に創立145年目を迎える。横浜市鶴見区の臨海部の工業地帯のほど近くに位置し、周辺地域には20世紀に入ってから京浜工業地帯に労働力として朝鮮半島や沖縄から移り住んだ人々の子孫が生活している。そして、ここから南米へ移民として渡った人々も多い。また、1990年の「出入国管理及び難民認定法」改正で日系人の日本での就労が容易になったのを機に、南米からの移住者が増え、最近は、中国やフィリピンなどアジア諸国から移り住む人々も増えてきた（図表2－3、図表2－4）。

本校には、2018年5月現在、外国につながる児童が学校全体の児童数671名の約21％にあたる138名が在籍し、国際教室での支援が必要な児童は73名である。人数や全校児童数に占める割合は、ここ5年ほど変わっていない。つながる国々は19か国にのぼり、中南米を中心として多様な言語・文化が混在し、共存している状況である。その中には、ブラジル人の父とロシア人の母をもち、日本で生活しているという複数の外国とつながる児童や、両親は外国人であるが日本で生まれ、母国を訪れたことのない児童もいる。また、入国したばかりで、日本語がほとんど理解できていない児童や、日本生まれであるが、家庭では外国語で生活しているため、生活言語は理解できても学習言語の習得が難しい児童など、単に外国につながるといっても、一人ひとりの状況は様々である。

一方、祖父母、父母、児童と3代にわたり本校に在学した家庭も多く、地元意識の高い人々が生活する地域でもある。本校学区にある潮田神社の大祭では町を挙げて祝い、大いに盛り上がり、人情味あふれる下町風情をもつ地域である。

このような状況の下で生活する外国につながる児童たちにとっての課題は、アイデンティティの確立と考える。「いったい僕は何人なのかわからなくなる」と話す児童が

図表 2-3　全校児童数・外国につながる児童数の推移

年度	2014	2015	2016	2017	2018
全校児童数（人）	676	673	648	684	671
外国につながる児童数（人）	134	128	131	138	138
（割合）	20%	19%	20%	20%	21%

図表 2-4　国・地域別外国につながる児童数（2018 年度）

国・地域	外国につながる児童数（人）
ブラジル	40
フィリピン	40
中国・台湾	16
ペルー	14
韓国・朝鮮	8
その他	20
合計	138

いる。友だちと本当に胸の内まで通い合わせることができるのかと、悩む気持ちをもつ児童がいる。周りの人は、自分たちのことをどう思っているのか不安になると感じている児童もいる。どこか自分に自信が持てない、主体的に物事になかなか取り組めないという姿が外国につながる児童の中に見られるのである。

本校の外国につながる児童への支援は、本校全体の人権教育の枠組みの中で展開されている。全教職員で「外国につながる児童のアイデンティティの確立と保障」や「自国や他国の文化・伝統の理解と尊重」を目指し、外国につながる児童への支援に取り組んでいる。

また、２０１８年度、中学校ブロックで学校運営協議会（コミュニティ・スクール）を立ち上げた。そこでは、キャリア教育を軸として、社会に広く目を広げることができるようにするとともに、なりたい自分をしっかりともち、それに向かって主体的に取り組むことができる児童の育成を目指していきたい。社会を見る視野が限られている外国につながる児童にとって、キャリア教育は必要不可欠であると考えている。

２　多文化共生を進める取り組み

菊池 麻子（教諭・人権部担当）

（１）人権教育センター校としての取り組み

本校は、「人権教育を基盤にした学校運営を通して、人権教育を推進し、その実践の成果をもとに全市立学校の牽引役としての役割を担う」学校である人権教育センター校に１９９９年度から指定されており、児童自らが人権意識を高める取り組みを年間通して行っている。多文化共生の授業では、「違いを認め、よさを知り、支え合う心を育む」ために、学年の実態に応じてテーマを決めて実践をしている。福祉の授業では、「誰もが・安心して・豊かに生活できるように、自分たちにできることを考え、共に生きていこうとする力を育む」ために、ふれあいや体験などを通して相手の思いを理解する学習をしている。２０１７年度の人権週間には、「自分のよさを知ろう」をテーマに、児童一人ひとりが友だちの良さに気付き、それを伝え合うことで自分のよさに気づけるような活動を行った。

本校には外国につながる児童だけでなく、様々な背景（課題）をもっている家庭の児童が多い。まずは、教職員が児童の置かれている家庭の状況や保護者の思いを理解することが、児童の安心できる学校生活につながると考え、家庭訪問と年に2回の三者面談を行っている。また、外国につながる子を始め、特に支援が必要な子については、児童の生育歴や保護者の思い、児童の学校での様子等を記入し、次年度以降に引き継げるように、「保存カード」を作成し児童理解を深め、一貫した指導・支援ができるようにしている。

また、教職員の人権意識を高めるために、「気にしてかかわりたい子」をテーマに人権研修を毎年行っている。人権教育の視点を基盤においた指導のために、年間の方針や計画をたて、児童が安心できる仲間づくりの手立てについて報告会を前期に開いている。また、2月には、それぞれの児童をどのように見つめ、寄り添い、かかわってきたのかについての報告会を実施している。教職員一人ひとりが児童とのかかわりから学んだことや、感じたことは何かを見つめ直すことで、自分自身の人権感覚を磨くことを目的として行っている。

加えて、夏にも人権研修を行っている。2017年度は、「気にしてかかわりたい子」等の取り組みが1990年代に始まった経緯や外国につながる児童の思いや状況について、その当時の教員を招いてお話をいただいた。具体的には、1990年代に潮田地域で外国人児童生徒保護者交流会（IAPE）が結成されたり、潮田小学校で外国につながる児童が母語でおしゃべりができる居場所として「うしおだYY」（112ページ参照）が始まった経緯などについて伺った。これまでに引き継がれてきた取り組みや活動が、児童の抱える背景や思いに寄り添おうとして始まったことを知り、教職員一人ひとりの児童に対する見方や考え方を見つめ直す機会となり、活動の意義を考えることができた。教職員が代わっていく中でも、その取り組みの意義や研修の意味の共通理解を図りながら、教職員一人ひとりが、自分自身を見つめ、自分自身の人権感覚を磨いていけるような研修、日々の取り組みを継続し、「誰もが　安心して　豊かに生活できる　潮田小」の実現を目指していきたい。

コラム

多文化共生の学級づくり

田中 利樹（6年担任）

6年2組（２０１6年度）には30名の児童がいますが、そのうち8名が外国につながる児童で、国の内訳は、ペルー・タイ・中国（各1名）・ボリビア（2名）・ブラジル（3名）です。そのうちの２人が外国で生まれ育ち、今年になって日本にやってきました。他の子たちは日本生まれです。保護者においても外国生まれの日系人もいれば、結婚・育児・就職の関係で初めて日本にやってきた方もいます。そのため、児童の成育歴や家庭環境、生活風土や価値観など、多岐にわたっている状況です。

そのような状況の中で周りの児童との関係づくりを進めていくことはたいへん重要です。その子のよさを全体の前で賞賛したり、外国につながっていることのよさやたいへんさについて繰り返し語っていったりします。そうすることで、「納得できないところもあるけれど、たいへんな思いもしているんだな」と外国につながっている仲間のことを共感的に受け止められるようになっていきます。そういった態度や行動を表すようになった子を、またみんなの前で賞賛します。それを繰り返すことで、外国につながりのある子と一緒に生活することのよさを感じられるようになっていきます。

本学区には、たくさんの外国料理店や食材販売店があります。そこで生まれ育った児童にとってはそれが当たり前の環境なので、特に珍しいと感じていませんが、遠足に行ったときなどに、自分の町との違いに気付けるように声をかけておくと、少しずつ自分の町の特色に気付けるようになっていきます。

ブラジルの飲み物をもらった話から、地域のブラジル関係のお店や自動販売機を探すまち探検に出かけました。思っていた以上にたくさんの店があることに驚き、中に入ってみたいと言う児童たちでした。中に入るとたくさんのブラジル食材を目にすることができました。ブラジル料理を食べてみたい気持ちがどんどん膨らんでいきました。ブラジル料理の様々なレシピを調べ、実際に作って食べてみることになりました。「せっかく作るのなら、全校のみんなに知ってもらおう」と、給食にブラジル料理を出す計画が持ち上がりました。試食会にはブラジル人講師や栄養士を呼び、給食としての献立を班ごとにプレゼンテーションをします。結局、黒豆と豚肉を煮込んだ料理「フェイジョアーダ」を中心にした献立が採用されました。こうして、卒業間近の三月、全校に真っ黒なフェイジョアーダがおかずとして給食に登場しました。

ブラジルにつながる児童たちは、その日の昼の校内テレビ放送に出演し、フェイジョアーダについて生き生きと説明しました。普段は自信がなさそうに生活していることが多かった児童たちが、堂々と誇りをもって話す姿がとても印象的でした。後の感想に「自分は日本人なのかブラジル人なのか、わからないけれど、ブラジルにつながっていてよかったと思った」と書いていました。

この「総合的な学習」の取り組みで、学級の子どもたちは大きく二つのことを感じ取っていました。一つは、外国の人が日本食を見て違和感があるのかもしれないということです。刺身や納豆など、外国では目にしにくい食事を初めて見て「ウエッ」と思うかもしれません。真っ黒なフェイジョアーダを見て驚いた自分たちのように。だから、自分とは異なる文化を排除するのではなく、受け入れることが大切なのだと考えることができるようになりました。もう一つは、ブラジルを中心とした様々な国の文化が息づいていることに気付き、そんな自分たちのまちは誇らしいということです。「自分のクラスにブラジルにつながる仲間がいてくれてよかったな」と思うに至ったのです。

（2）国際教室の取り組み

岩間　由季（国際教室主任）

国際教室では、「自分に誇りをもてる子」を目指す児童の姿とし、外国につながる児童や保護者に向けて、様々な支援を行っている。潮田小学校には、１００名を超える外国につながる児童が在籍している。その中には、外国籍・日本国籍・二重国籍の児童がいる。しかし、国籍が何であろうと、必要な支援は一人ひとり違う。そこで、国際教室では、一人ひとりに応じた学習支援の充実を図っている。そして、日本以外の国に「つながること」のよさを十分に感じ、二つ以上の国につながる自分のよさを認められるように取り組んでいる。

①学習支援の充実

潮田小の外国につながる児童は、日本生まれがとても多いため、日常会話では問題がないように見受けられる。しかし、日本生まれであっても、家庭内では母語を話していたり、生活経験が乏しかったり、保護者が日本語母語話者ではないといった家庭の中で育っている。そういった家庭の状況から、語彙が少ない、抽象表現の理解が難しいなどの、学習への困難さを抱えている場合が多い。

そこで、国際教室では、一人ひとりの課題を見つめ、寄り添った丁寧な支援を行っている。ルビ付き教科書や具体物を使用するなど様々な工夫をし、「わかった」という喜びを感じられるように取り組んでいる。特に、潮田小の国際教室では、日本語指導で終わらずに、教室での学習に日本語を使って参加できるよう、教科指導に力をいれている。児童の学習状況や学習内容などに応じて、担任と相談を行い、取り出し、または入り込み指導を行っている。

国際教室の様子

国際教室担当として、正規3名と非常勤3名の教員、そして外国語補助指導員の計7名が配置されている。そこで、学年に一人国際教室担当を配置している。よって、担任とも連携しながら、より細やかに支援を行うことができている。入り込み指導の際には、外国につながる子だけでなく、教室の中で、学習面でつまずいている子に対しても支援を行い、潮田小全体での学力向上にむけて取り組んでいる。

コラム

安心できる国際教室を目指して

成田　朋美（国際教室担当）

今年度の1年生で取り出しをしている児童は14名です。つながる国は、ブラジル、フィリピン、中国、韓国、ロシアと様々で、うち12名は、日本生まれ日本育ちです。日常生活の日本語ができるので、国際教室の担当になる前は、彼らがこんなにも語彙が足りていないということに気付いていませんでした。当たり前のように使っている言葉も、彼らにはなじみのない言葉だったり、意味を知らないまま使っている言葉でした。語彙が少ないと、問題の意味がわからなかったり、自分の気持ちを上手に伝えることができなかったりと、様々な学習に影響がでてしまいます。

そこで、少しでも語彙を増やしたいと思い始めたのが、国語の授業の最後の言葉集めゲームです。制限時間内に、教師の指定した文字から始まる言葉をホワイトボードに書くというゲームです。初めの頃は、一人2、3個書くと、手が止まってしまったり、思いつくのが友だちの名前くらいでした。中には一つも思いつかず、困っていた児童もいたので、こんなことをして意味があるのかと悩んだ時期もありました。しかし、授業の最後に繰り返し、言葉を出し合い、出てきた言葉をみんなで読むことを続けていくと、次に同じ文字で言葉集めをするときに、「この前、○○さんが書いて覚えたよ」と言ってボードに書くなど、書ける言葉が増えていきました。

あるとき、Aさんは、「と」から始まる文字で「とのさま」と書きました。しかし、「とのさま」の意味を友だちに説明することはできませんでした。そこからわかったことは、言葉は知っていても意味を知らないことがあるということでした。これでは、語彙が増えたとは言えません。そこで、その都度新しく出てきた言葉を、書いた児童に説明させたり、ことば絵辞典や携帯の画像を使ったりして確認するようにしました。そのようなことを続けていくと、国語の時間などに「この言葉の意味がわかりません」と、質問する姿が見られるなど、言葉の意味をしっかり理解したいという気持ちが表れるようになってきました。児童たちが新しい言葉を吸収しようとする気持ちが高まってきたのを感じることができました。

教室では、言葉の壁や学習の遅れなどからくる自信のなさから黙って授業を聞いているだけの児童も、国際教室にくると、手を挙げて発表をしたり、質問をしたりすることができます。元気いっぱいで、表情もとても明るいです。そんな児童たちを見ると、国際教室が彼らにとって安心できる場所であり続けてほしいと思います。

②来日直後の児童への支援

海外からの転入手続きには、国際担当が入り込み、多言語版のガイドブックをもとに、持ち物や手続きに必要な書類などのサポートを行う。転入で不安な保護者や児童の気持ちを受け止め、安心して潮田小に来てもらえるようにすることが、第一歩だと考えている。

来日直後の児童に対しては、まずは、クラスで安心して過ごせるようにサポートすることが大切である。児童と児童をつなぐ橋渡しの役目となり、クラスになじめるよう支援を行う。潮田小の子たちは、そんなときにとても頼もしい。「どんな子かな、どこの国から来たのかな」とわくわくした気持ちで迎え入れてくれる。相手が、言葉がわからないときに、身振り手振りで自然と関わったり、手助けしたりする素敵な姿を見ることができる。

来日してすぐに、日本語での授業に入ることは難しいため、教室で朝の会をした後は、国際教室へ向かう。そこで、学校探検を一緒にしたり、学校の一日の流れや給食、そうじなど、日本ならではの学校生活について写真などを見せながら、説明を行う。外国と日本の違いに驚く子も多い。学校が午前中で終わる国もあれば、途中でスナックタイムがある国もある。

数日、児童の様子を見て、どんな支援が必要かを、担任と国際教室担当で相談を行う。教室にいる時間は、母語支援サポーターが児童の隣に寄り添い、安心して学習に取り組めるように配慮している。スキルタイム・国語・算数・社会の時間には、学年の国際担当が教科指導や日本語初期指導などを行う。また、日本語指導員の派遣や母語支援サポーターを依頼し、チームとして支援にあたっている。

コラム

来日直後の児童への支援をして

吉田 崇（国際教室担当）

アメリカの現地校から来たKさんは、8月の夏休み明けに転入してきました。母親は日本人ですが、英語で生活していたので、日本語はほとんど通じませんでした。しかし、在籍学級では、周りの動きを見ながら上手に動くことができる児童でした。国際教室では、ひらがなの学習、日本の学校のことを知ることから始めました。もちろん、授業中も100％英語で、「Oh, no kidding!」と明るく大げさな感じで反応していました。授業中の態度はとてもまじめで一生懸命、多少の英語でのサポートで熱心に日本語を覚えようという姿勢が伝わってきました。日本語の学習をしているときは、英語も時々入れながら日本語中心での学習を進めました。また算数のときには、英語を増やして学習を進めるなど、Kさんにとって安心できる学習環境を考えながら授業を行いました。

来日から約5か月目、冬休みを越えたある日も、まじめで熱心なKさんは、いつものように、算数と日本語を国際教室で学習していました。少し風邪をひいていたのか、元気なく咳をしていました。「保健室で休んだら?」と何度か聞いたものの、「大丈夫、できます」という答えでしたので授業を続けました。しかし、給食を終えた後ぐらいに、調子が悪くなってしまいました。いつも頑張っているKさんの身体のSOSに気づいていたのに、うまく対応できなかったことを反省しました。その経験から、その日の授業の組み合わせによっては、ゆったりとできるような課題も考えながら、国際教室で学習を進めています。

来日から半年になる今では、授業中の課題が難しかったり、悩んだりするような場面で、「え～、何だろう？」とか、「あ～、わかった！」と英語ではなく、日本語で反応するようになりました。また、算数の授業でも、基本的な計算のやり方の説明を、頑張って日本語で説明しています。Kさんの成長がとてもうれしいです。これから一日でも早く、日本語をしっかりと習得して、国際教室から羽ばたいていけるよう支援していきたいです。

(3) アイデンティティの確立を目指して

岩間　由季（国際教室主任）

日本に生まれながら、家では違う言葉を話し、違う文化の中で生活している。二つの国につながっている自分は、見た目が友だちと違う自分は、日本人なのか、外国人なのか、そんな自分のアイデンティティが揺らぎ、自分に自信をもてずにいる児童たちがいる。そんな児童たちに、「自分」のアイデンティティを大切にし、自分らしく生きてほしいという思いから、潮田小では、うしおだＹＹという活動を続けている。このうしおだＹＹは、本校で１９９７年に始まった活動である。現在では、外国につながりはあるけれど、母国に行ったことがない、母国の言葉がわからない、文化をよく知らないという児童も増えてきた。そんな今だからこそ、このうしおだＹＹを通して、同じ国につながる友だちと交流する中で、自分のつながる国の文化を知り、二つの国につながる自分って素敵だなと感じることができるように、また、日本にのみつながる児童も、同じクラスにいる外国につながる友だちを理解し、お互いの違いを認め合えるように、全職員で取り組んでいる。

①給食・中休みＹＹ

６月、うしおだＹＹは、同じ国の仲間との給食ＹＹで始まる。1年生から6年生まで、いろいろな学年の児童とテーブルを囲んで給食を食べる。初めは緊張している1年生も、優しいお兄さんお姉さんと一緒に食べるうちに、緊張もとけていくようだ。母国の料理の話や家の話、自分のつながる国について、わいわい話している。自己紹介では、母語であいさつする児童もいる。そして、給食ＹＹのあとには、中休みに一緒に遊ぶ。同じ国につながる友だちと交流を深める大切な時間となっている。

②うしおだＹＹ

10月、同じ国ごとに分かれ、その国の遊びを体験したり、料理をしたり、自分のつながる国のよさを実感できるように、全教員、保護者も参加しての一大イベントを実施する。ここで活躍するのは、外国につながるお母さんたちである。ＰＴＡの国際委員を中心に、事前に集まり、児童たちと今年はどんな活動をしようと、みんなで話し合う。その国の言葉で相談するので、教員が困ってしまうこともあるが、放課後に集まって、メダルやプレゼントを作るグループや料理の仕込みをするグループなど、児童たちのためにがんばるお母さんたちが頼もしい。

そして、当日のＹＹ本番では、６年生が司会進行を行い、どのグループも、つながる国の遊びで大盛り上がりである。ブラジル・アミーゴス（ブラジルにつながる児童のグループ）はサンバやダンスで盛り上がる。音楽が流れると、先生も児童も一緒になって踊りだす。はじめは照れていた児童もいつのまにか笑顔で踊っていた。サンバやラテンのリズムが、みんなを笑顔にするのだろう。フィリピン

うしおだ YY の様子

につながる児童のグループは、フィリピン運動会を楽しむ。サックという袋に足を入れて、ジャンプをしながらゴールを目指す。途中で転んで大笑い。日本ではやったことのない競技に、みんな興味津々であった。韓国・中国につながる児童のグループは、チヂミ・餃子作りに取り組む。「中国の餃子は焼き餃子じゃなく水餃子なんだよ」とある児童が教えてくれた。いつも家庭で食べているのだという。牛脚から お母さんたちが手作りしてくれた水餃子は、モチモチでとてもおいしかった。こんな風に、遊びや料理は、自分の国とのつながりを感じる、とても大切なものである。そんな体験を、毎年重ねていきたいと思う。

後日、うしおだＹＹで行った活動を、全校のみんなが体験できる時

間を設けている。自分とつながる国の遊びを友だちと一緒にすることで、さらに自分の国を好きになって、誇らしい気持ちになる。日本につながる児童も、友だちのつながる国をより知って楽しむ。まさに、「世界とつながる潮田小」である。

③うしおだYY卒業式

2月、6年生が「外国につながること」に対して、自分自身が感じてきた思いやうしおだYYの活動の振り返りを作文にまとめ、4、5年生にむけて、発表を行っている。6年生とはいえ、自分の思いや経験してきたことを作文にまとめ、発表するということは、国際教室で学ぶ児童にとって、ハードルが高いものである。そこで、国際教室担当や担任だけではなく、児童一人に先生が一人つき、作文指導や発表のサポートをしている。作文指導をする中で、改めて児童の思いに寄り添うことができたと話す先生がいた。全教員で、外国につながる6年生を支援し、当日を迎える。

うしおだYYの様子

当日は、緊張しながらも、堂々とスピーチをする児童たちの姿があった。日本語もわからず入学した当時の不安な気持ちや、外国から転入してきて、友だちができたときの喜び、国際教室で学んだ先生との思い出、自分のルーツについて悩んだことを語る児童たち、そして、それを受けとめようと、真剣に聞く児童たちの姿が見られた。

2017年度は、朝鮮につながる安英学さんに、ゲストとして来ていただいた。発表後には、安さんが「外国につながる君たちにしかできないことがある」と語ってくださり、児童たちはその言葉に勇気をもらった。発表を終えて、晴れ晴れした顔が、とても印象的であった。

作文

感謝への道

マウンズエ（2018年3月卒業）

ぼくは5年生のとき、ミャンマーから日本に来ました。最初は日本語を一言もしゃべれなかったので、不安でいっぱいでした。でも、今は、みんなと仲良く話せるようになりました。そんな自分をふりかえってみると、多くの友だちがぼくを助けてくれて大きく成長させてくれました。

5年生の最初の頃、ぼくはクラスで一人ぼっちでした。そんな日が何日か続くと、勉強をする気持ちにもなれませんでした。ある日、教室の自分の席で落ち込んでいるとき、突然、友達が話しかけてきました。その一言は、「一緒に遊ぼう」でした。この言葉は、ぼくにとって、ぼくを暗闇から明るくさせて、自分の心に自信をもたせてくれる魔法の言葉でした。その日から、ぼくは自分から話しかけたいと思うようになりました。日本語の勉強にも一生懸命取り組みました。友だちと遊ぶ中で、日本のことを多く学ぶことができました。また、うしおだＹＹでは、ぼくと同じような外国につながる友だちと交流しました。YYでは、いつもぼくは一人ではないんだと感じることができました。
最後にみんなに伝えたいことがあります。それは、自分を支えている人たちに感謝することです。ぼくは、日本に来て、多くの友だちに支えられていることに気づき、苦労もしたけど、がんばることができました。これからも感謝の気持ちを忘れずにがんばっていきます。
潮田小のみなさん、2年間、本当にありがとうございました。

④母語教室

潮田小では、来日してきた児童も、1~2年ほどで、日常会話では困らない程度に日本語を話すようになる。クラスの友だちと毎日過ごす中で、どんどん日本語を吸収していくが、日本語が上達するにつれ、母語がうすれていく。一方、親は日本語を習得するまでに相当な時間がかかる。若くして来日していても、日本語をほとんど話せない親が多い。

国際教室の面談で、こんな会話があった。「どうして、日本に住んでいるのに、スペイン語を覚えなければいけないの?」「日本語で友だちと話せているから、問題はないんだ」。そう話す自分の子に、困った表情を見せるお母さん。母語を大切にしてほしいという思いは、どうしたら伝えられるのだろう。

そんな現状から、潮田小では、2014年度から放課後に、外国語補助指導員のヘナタ先生が「ポルトガル語教室」を始めた。同じ子をもつ親として、母語を大切にしてほしいという願いをヘナタ先生はもっている。ブラジルから来日した女の子が、教室では静かにしていたけれど、ポルトガル語教室では、水を得た魚のように、ポルトガル語を流暢に話していた。性格まで変わるから面白い。それだけ、言葉は自分を表現するいちばんの方法なんだと痛感した。

そして、「ポルトガル語教室」に続いて、２０１６年度から「スペイン語教室」も始まった。これは、アミーゴスグループのお母さんたちが、「ポルトガル語教室もあるなら、スペイン語教室もやりたい！」という強い思いから実現した。実際に、先生として保護者が来てくださっている。自分のお母さんが先生というのも、誇らしいものである。

これから児童たちが成長し、思春期を迎えたり人生で悩んだりしたとき、いちばん理解してほしい親と、共通の言語で語り合うことができるように、この母語教室の取り組みが、親子をつなぐ　つとなることを願っている。

うしおだ YY 卒業式

母語教室の様子

コラム

母語支援サポーターとして

工藤 文子（母語支援サポーター）

ポルトガル語の母語支援サポーターとして潮田小学校に通うようになり、8年になります。子どもの隣で一緒に授業を受け、サポートする「入り込み」という支援を主に続けてきました。

初めのころは、授業になんとか追いつかせようと躍起になり、でも間に合わずに焦るという日が続いていました。能力の高い子は自分でどんどん質問してくるのでサポートも楽なのですが、そんな子ばかりではありません。そんなある日、国際教室の井本先生（現在は南吉田小）に「勉強の責任は学校がとります。勉強させるというより、お母さん的な支援を期待しています」と言っていただき、とても楽な気持ちで教室に入れるようになりました。子どもの話を聞き、こまめに誉め、そっと背中を押してあげられるよう努めるという基本スタンスが決まったように思います。（子育ても、かくあればよかった！）

8年の間にいろいろな子に関わらせていただきましたが、ブラジル人のMちゃんはいちばん付き合いが長く、思い出深いです。日本語ゼロで1年生に入学してきて、保育園の経験もなく、入学当初は学校中走り回っていました。でもきちんとしないと友だちに受け入れてもらえないと理解してからすごく変わりました。負けず嫌いなので勉強も頑張るようになりました。小3のとき、国語で100点を取ったと見せに来てくれた時は、涙が出るほど嬉しかったですね。もうすぐ高校受験。なんとか頑張って進学してほしいです。

　潮田小は、外国につながる子どもたちへの支援がとても手厚いと思います。日本の子が、「いいなあ国際」と羨ましがるほどです。「わたしはブラジル人」「ぼくはフィリピン人」と当たり前に言える環境も、国際教室だけではなく、学校全体で長年かけて築き上げてきた努力の賜物だと思います。テストの点数のように目に見えるものではありませんが、この貴い伝統が続いてほしいと願っています。

（4）保護者への支援

横田　那実（国際教室担当）

　国際教室として、外国につながる保護者への支援は、大きな役割の一つである。自分が育ってきた環境とは大きく違う、日本の教育システムにとまどう保護者は少なくない。そこから、トラブルに発展してしまうこともある。そういった保護者に対して大切なのは、「気持ちを受け止める」ことである。しっかりと話を聞いて、共感する姿勢を見せることが大切である。対応が可能なことは対応し、そうでなければ、納得してもらえるように理由を丁寧に伝える。文化の違いや言葉の違いが心の壁にならないよう、児童と共に保護者が、安心して過ごせるように様々なサポートを行っている。

日本の小学校に安心して入学できる第一歩として、入学ガイダンスを行っている。ここでは、日本の学校の一日の流れや給食、お金の納入の仕方、持ち物についてなど、実際に実物を見せながら、説明を行っている。また、家庭訪問、懇談会、三者面談を国際教室としても行い、親と直接話す機会を大切にしている。その際には、自分の言葉で話せるように、通訳を依頼している。どんな場面においても、一方的に日本の学校について理解してもらおうとするのではなく、保護者の思いに寄り添い、つながることを心がけている。

保護者に出すお便りにはすべて、ひらがなのルビを振り、わかりやすく知らせる工夫をしている。また、重要なお便りは、ポルトガル語・スペイン語・英語の翻訳版を作成している。また、紙ベースでのお便りよりも、メールの方がダイレクトに保護者に大事なことが伝わるということで、運動会や遠足のお知らせなどのリマインドを、メール配信で行っている。

外国につながる保護者への支援として、２０１６年度には、ＰＴＡ国際委員会と大人の給食ＹＹを立ち上げた。

コラム

異国の地で子どもを育てる

永嶋　ヘナタ（外国語補助指導員）

潮田小では、２０１３年度から働き始めました。日本で先生ができることを何よりもうれしく感じていました。これまで様々な外国につながる保護者から悩みを聞いてきました。そのときに、私が心がけたのは、自分の経験をもとに話を聞いたり、アドバイスをしたりするということです。私自身も小学６年生と年長の二人の息子の母です。母国のブラジルとは違う日本で子育てする中で、たくさんの失敗をしてきました。その経験から学ぶことも多くありました。

移民をして、新しい国に行くということは、とても大変なことです。親になって、移民するということは、もっと難しいことです。どうしてかというと、自分の国であれば、悩まずに、子育てが普通にできますが、外国での子育ては、子どもに何語で話すべきか、どちらの文化に合わせて子育てをすればよいか、など迷うことが多くあります。日本での生活がわからないから自信をもてません。どう育てたらよいか。迷って迷って子どもに何もしない、という選択をしてしまう親もいます。そして、何より学校生活が始まるときがいちばん、大変です。

私は、ポルトガル語でブラジルの文化もしっかり伝えようと子育てしてきましたが、小学校にあがると、それが壁になることがありました。母語で子育てをしたら、子どもの日本語が足りなかったり、子どもの考え方が、みんなと違ったりすることにつながってしまいました。子どもも、自分がみんなと違うと認識して、「おかしいよ」などと言い出しました。自分のつながる国と住んでる国のバランスをとることが、とても難しいと感じました。バイリンガルに育てるためには、どうしたらよいのだろうと今でも悩むことが多いです。

私の願いは、子どもが自分のアイデンティティを大切にして、自分をマイナスやハーフと捉えずに、ダブルと捉えてほしいということです。外国で親になって、子育てをすることは簡単ではないけれど、バランスをうまくとれれば、将来的には、その子がグローバルな人に育つはずです。自分に自信をもって、相手の違いもリスペクトできる人になると思います。どの国でも、生きる力につながるのではないでしょうか。

日本人としての子育てはもちろん私たちにはできません。困ることはしょうがないことです。だからこそ、自分自身の言葉で、自分の子育てをしてほしいと思います。親と子どもでコミュニケーションをしっかりとれることが大切です。言葉の問題ではなく、人間を育てるということを忘れずにいてほしいと強く思います。

①ＰＴＡ国際委員会の設立

これまでＰＴＡ活動が、外国につながる保護者にとって一つの壁となっていた。それは外国では保護者が学校行事に関わることがあまりないからだ。そのため外国人保護者は、ＰＴＡがどんな活動なのかわからない。また保護者同士が日本語で連絡を取り合い、連携して活動することがとても難しい。さらに、ＰＴＡ活動の中には、書いたり読んだり話したりといった活動が多いため、外国人保護者ができることが限られてしまっているという問題もある。

そこで私たちは、ＰＴＡ活動の委員会の中に新たに「国際委員会」を設置することにした。潮田小の外国につながる児童たちや行事をサポートする委員会である。主な活動は学校説明会等の通訳や、外国につながる行事の計画、準備である。特に学校説明会の通訳は、保護者にとって自信のある言語なので容易にできる。また先輩保護者として日本の学校について詳しく伝えられるので、通訳としてだけでなく、よきアドバイザーとして適任である。「国際委員会」を設置したことにより、これまでＰＴＡ活動に参加できていなかった外国人保護者が、積極的に参加できるようになった。今後は、「国際委員会」にも日本人保護者が入って協力していただけたら理想的である。

②大人の給食ＹＹ

給食も日本独自の文化であり、外国人保護者にとっては未知なものだ。学校では給食試食会が年に一度行われるが、参加できるのは１年生の保護者と新しく外国から編入してきた保護者だけに限定されている。また普段日本食を食べ慣れていない外国人保護者にとっては、いきなり給食試食会に参加することは敷居が高く、なかなか参加できずにいた。そこで外国人保護者だけを対象にした「大人の給食ＹＹ」を実施することにした。

保護者には４時間目から集まってもらい、栄養士が食育の話をした。朝食の大切さ、学校給食の目的、献立の内容など、絵や図を使って説明すると、とても真剣な眼差しで話を聞く保護者の姿が印象的だった。そしてその後、児童たちが給食の白衣に着替え、配膳や食べているところを見学した。ただ食べるだけではなく、準備をしたり、食べるマナーを学んだりすることが給食の目的だということを実際に見てもらうことができた。最後に保護者も配膳をして給食を食べた。児童たちの給食ＹＹと同じように、国や地域ごとにグループを分けて座ると、それぞれのグループで話が盛り上がった。

給食を知ってもらうということが、この「大人の給食ＹＹ」の第一の目的だったが、保護者同士がお互いに仲良くなり、学校が身近な存在に感じられるようになることがわかり、これからも続けていきたい行事の一つになっている。

（5）つるみーにょ（放課後学習支援）

岩間　由季（国際教室主任）

外国につながる児童の中には、家でしっかりと学習する環境がなかなかつくれない子がいる。また、保護者からは、児童に教えられない、音読を聞いていても、合っているのかわからないといった、不安の声があがる。そこで２００９年度、ＮＰＯ法人ＡＢＣジャパンが、外国につながる児童の放課後学習支援の場として「つるみーにょ」を立ち上げた。当初は、教員とＡＢＣジャパンのスタッフで行っていたが、協力の輪が広がり、現在では、ＡＢＣジャパンの支援を離れ、教員と地域の方々や大学生のボランティアスタッフが連携をとった形で運営を行っている。

この「つるみーにょ」には、現在50名以上の児童が通っている。毎週水曜日になると、「今日はつるみーにょありますか?」と尋ねてくる児童が多い。「○○先生一緒に勉強しよう!」と言って、ボランティアスタッフの隣に座り、うれしそうに学習を始める。音読では、読み仮名を一緒に確認しながら聞いてもらい、言葉の意味がわからないときには、その場ですぐ教えてもらっている。算数では、実際におはじきを動かしたり、絵をかいたりしながら、学習。勉強が終わると、漢字かるたや百人一首などをして楽しく過ごす。週に1回だが、自分のために教えてくれる先生がいる。「つるみーにょ」がただの学習教室ではなく、一人ひとりの学習への意欲付けになっている。これからも、大切にしていきたい活動である。

コラム

つるみーにょと私

宮村 ゆみ子（つるみーにょボランティア）

「つるみーにょ」発足当初から関わらせていただいています。ブラジル人の夫と結婚後、ポルトガル語を勉強したことが一つのきっかけです。

毎週水曜日の午後2時間のみの支援ですが、これまでたくさんの子どもたちと関わり、楽しい時間をもつことができました。本人の意思ではなく、親御さんの都合で来日したり、日本で生まれ、はじめは日本語の読み書きもできなかった子が、元気に音読ができたり、書けたり、話したりして驚くほど成長していくのを見るだけでも嬉しいものです。毎年、どんな新入生が来るのかワクワクしながら待っています。

これまでに接してきた子どもたちの中には、低学年の頃、泣き虫だった子も、既に中学生になり、すっかり大人っぽくなっています。偶然出会っても、きちんと挨拶をしてくれます。

現在は、ブラジルにつながる子どもたちに関わっています。日本語がほとんどできなかった子が、今では指でなぞりながらではありますが、音読が上手にできるようになってきました。すごい成長ぶりに感動です。

3　今後の課題

緒方　克行（校長）

国際教室のあり方や指導体制、指導内容等について長い時間をかけ議論し、改善し、児童たちの安心できる学習環境づくりや学習意欲の向上に取り組んできた。国際教室に来室することを楽しみにしている児童も多く、国際教室が心のよりどころとなり、学習に対して前向きに取り組む様子も見られる。ボランティアが中心となる放課後や夏休みの学習指導、ポルトガル語教室やスペイン語教室などに参加しながら、自信と母国文化に対する思いを少しずつ持てるようになってきている。このように一定の成果は見られるようになってきたが、課題も山積している。

第一には、キャリア教育の推進である。自らの将来像を考えるためのモデルが少ないと言える。どのような職業が世の中にあるのか、ダブルという自分の立場を生かせるどんな仕事があるのか、さらに、この人のように生きていきたい、などモデルとなる選択肢がきわめて限られている。中学校から先の進路についてはほとんど知らないのが現状である。中学校ブロック学校運営協議会の中で、小中連携の下、キャリア教育の具体的な取り組みを考えていきたい。

第二には、学力向上のための授業改善である。取り出しによる学習を継続し、丁寧に指導しているのだが、理解や定着が難しい。夏休みが明けると、また、同じ学習のし直しが必要となる児童が多い。国際教室に通う児童たちは、学習内容をどのように認知し習得していくのか、そのプロセスに迫り、指導を改善していく必要がある。そのためには、大学との連携が重要となってくると考えている。

第三には、初期指導の充実である。新入生の入学時には、児童も保護者も戸惑う姿が見られる。横浜市教育委員会が「ひまわり」で行っているさくら教室やプレクラスのような取り組みを一つの学校だけで開催することは難しい。行政の力を借りながら、区内の複数校で準備できないか考えていきたい。

第四には、母語教室や「つるみーにょ」などの運営組織の盤石化である。ボランティア等で運営している活動により、アイデンティティの確立や学力向上に効果をあげている。このような意味のある活動をこれからも継続していくために、予算化され、人を配置できるようにしていくことが大切であると考える。

第五には保護者組織の位置づけである。ＰＴＡの組織の中で国際委員会がしっかりと位置づけられていないため、保護者の中で認知度が低く、活動が充実しているとは言えない。ただ単に、一部署として位置づけたとしても言葉が通じないことで、意思の疎通が難しいと考えられる。外国につながる方々を受け入れるという風土は醸成されている地域であるので、ＰＴＡの組織の中で機能する国際委員会のあり方を考えていく必要がある。

このように、まだまだ課題は多いが、一つひとつ学校全体の問題として取り上げながら、外国につながる児童を始めとした潮田小のすべての児童に豊かな将来が広がるように力を注いでいきたい。

コラム

一人を大切にすることが、他の子どもを大切にすることにつながる

外山　英理（元 潮田小学校教員、現 横浜市教育委員会事務局教職員育成課指導主事）

「一人を大切にすることが、他の子どもを大切にすることにつながる」……これは先輩方から聞いて

きた言葉です。はじめ私はこの言葉に対して「それは違うのでは」と思っていました。一人だけを大切にするのは、教師として間違っているのではないかと。でも、今はそうは思いません。この言葉の意味や大切さを、潮田での様々な出会いやつながりが気付かせてくれたからです。

その一つにIAPE主催の「沖縄へルーツを探る旅」があります。「沖縄へルーツを探る旅」は、沖縄にルーツのある、主に南米につながる子どもたちが沖縄を訪問し、自分のルーツを探りながら、沖縄の自然や歴史、文化を学び、自身のアイデンティティを確認していく旅です。私が初めてこの旅に参加したのは、潮田小に赴任する前の年です。「子どもたちを引率していくのかな」そんな風に思っていた旅で、私は自分自身の人との向き合い方について見つめ直すことになります。10日間の旅の中で、仲間やスタッフとの関わりや沖縄の親戚との触れ合いを通して、どんどん変わっていく子どもたちでした。子どもたち一人ひとりと真正面から向き合い、ありのままを受け入れるスタッフたちの姿を見ていて、これまで教師として子どもたちと「いい感じ」に関わってきたと思っていた私は考えさせられました。教師である前に人として、人との出会いや関わりを大切にするとはどういうことなのか。そして、教師として子どもと向き合うとはどういうことなのかを考えさせられました。それから10年。今でも毎年参加している「沖縄へルーツを探る旅」は、「引率」ではなく、子どもたちや旅に関わる方々から学び、自分自身の原点に立ち返る大切な旅になっています。

外国につながりのある子どもが多い潮田小に赴任してからは、外国につながる子どもを中心に据えて、その子どもがクラスの中で生き生きと自分らしく過ごすにはどうしたらいいのか考えてきました。外国につながる子どもたちのことを中心に考えていく中で、「一人の子どもについて考えることに意味があるのか」「外国につながる子どもだけでいいのか」という思いが出てきたこともあります。でも、「外国につながるから」ではなく、これから先の未来も見据えて考えたときに、今かかわるべき子どもに対して、真剣に考え悩みながら向き合っていくことで、他の子どもやクラス全体が変わっていくことがたくさんありました。一人を大切にすることが他の子どもを大切にすることにつながる……外国につながる子どもたち、そして、その子どもたちとともに歩んでいる全ての子どもたちが教えてくれたことです。

最後に、私が潮田小で最後に受け持った1年生の話を紹介します。そのクラスでは、給食で中華料理が出ると、「Aくんの国の料理、おいしいね！」という子どもがいて、それを聞いたAくんは嬉しそうにもりもり食べます。外国の遊びの話をすると「Bちゃんのフィリピンの遊びをしてみたい！」と盛り上がります。Cさんがポルトガル語で「ハッピー・バースデー」の歌を歌えば、クラスのみんなが「すごい！」と聞き入り、真似しようとします。外国につながることは特別なことではなく、その子どもの魅力の一つなのです。いろいろな友だちと出会い、友だちを知っていく中で、そんな風に受け入れている1年生を見て、「子どもたちって素敵！」と改めて思いました。そして、子どもたちが豊かに自然にかかわり合える場を様々な形でつくっていくことが、私たち教師の大きな役目だなと思った1年間でした。

第３章　南吉田小学校

藤本　哲夫（校長）

１　学校の紹介と学校経営のビジョン

横浜のほぼ中央に位置する本校は、２０１８年度に創立１１４年目を迎えた。学区は中区・南区が半分ずつで、幹線道路、高速道路が通り、南北を川に挟まれた平らな市街地である。近隣には横浜橋商店街や伊勢佐木町商店街があり、多くの地元買い物客や市内外からの観光客が訪れている。古くからの住民の中には、親子４代、５代にわたる本校卒業生もいて、そうした人たちからは学校への愛着が特に強く感じられる。一方、近年、林立するマンションへは中国、フィリピン、韓国等の外国人住民が多く移り住むようになり、人情味のある下町風情を感じるまちの雰囲気も、次第に様変わりが進んできている。

本校でも、外国につながる児童が急増している。それに伴い、全校の児童数も増加しており、私が着任した２０１２年４月に５８３人だったものが、２０１７年４月には７３１人と毎年約30人ずつのペースで増加してきた。２０１８年度は着任後、初めて減少した。外国につながる児童の割合についても、着任時には約35％だったものが、２０１８年度は、約56％まで増加している。校内では世界14の国・地域から集まった児童が学んでいるが、全校の３人に１人が日本語指導を必要としていて、加配を受けた国際教室担当職員や日本語教室講師、母語による学習支援サポーターらが日々フル稼働で指導・支援している。

着任以来、外国につながる児童の日本語指導、学習・生活支援、アイデンティティの確保を最重要な学校課題と位置づけ、全職員でその解決に取り組んできた。しかし近年、外国につながる児童の転・編入が激増し、全校児童の半数を大きく越える状況になった今、まさに新たな課題が顕在化してきた。学校のみならず地域でも、外国人児童・保護者・住民と日本人保護者・住民との様々な軋轢が生じ、不安感が表面化してきたのである。学校へは日本語が話せな

図表 2-5　全校児童数と外国につながる児童数の推移

年度	2009	2010	2011	2012	2013	2014	2015	2016	2017	2018
全校児童数	603	588	580	583	598	643	686	739	748	747
外国につながる児童数	191	200	198	202	211	264	334	413	430	418
（割合）	32%	34%	34%	35%	35%	41%	49%	56%	57%	56%

図表 2-6　国・地域別外国につながる児童数（2018 年度）

国・地域	外国につながる児童数（人）
中国・台湾	318
フィリピン	65
韓国・朝鮮	13
タイ	4
アメリカ	3
その他	15
合計	418

い児童の増加による学力低下や学校の荒れを心配する声が頻繁に届き、ＰＴＡ実行委員会や懇談会では外国人保護者のＰＴＡ活動への非協力が問題視された。地元連合町内会主催の地区懇談会では生活習慣が違う外国人住民の日常行動が非難の対象となった。そこには、国民性や価値観・習慣の違いだけではなく、日頃のコミュニケーションの困難さから生じる日本人保護者・住民の漠然とした不安感も渦巻いていた。

こうした状況下、本校の学校運営にとっては、急激に国際化する校内教育環境を、改めて本校の「特色あるよさ」として保護者・地域へ発信し続け、「多文化共生による豊かな学びの実現」と「日本人保護者や地域と外国人保護者との関係づくり」を基本として、児童一人ひとりの「まち・友だち・学校を愛し、進んで関わる心の育成」や「多様性のよさ・可能性を活かす学校づくり」に全力を挙げて取り組む必要があると感じている（図表2－5、図表2－6）。

2　多文化共生を進める取り組み

窪津　宏美（前　国際教室主任、現　主幹教諭）

(1) 国際教室の取り組み

私は本校の国際教室主任となって２０１７年度で3年目となった。加配により8名で国際教室を担当した。国際教室の運営については週1回のミーティングを設け、担当教員同士が意見を出し合いながら進められるよう計画してきた。担当している児童のことを報告したり、教材を持ち寄ったりして意見交換をしている。顔を合わせる場をつくることで、互いに相談しやすい雰囲気が生まれている。担当者の中には、日本語教育の専門性を持つ教員もいて、互いの経験を出し合いながら、教材・題材の指導例を挙げるなど、それぞれの教員の得意分野を活かす集団となってきた。以下、本校の国際教室らしい取り組みを紹介する。

①日本語の初期指導

本校の特徴として、外国からの編入児童が多いことが挙げられる。２０１７年度は年間42名を数えた。そして国際教室では、来日したばかりの児童へ、日本語の初期指導をすることが求められる。あわせて、これまで暮らしてきた国との違いや日本での習慣を伝えながら、この学校の児童として成長できるよう工夫しなければならない。年度の途中に来日する児童が多いことも特徴の一つだが、学級担任も日本語ゼロ児童への対応に苦慮している。このような状況から、「来日プログラム」を設定して対応をしていくことになった。

来日プログラムでは、来日してすぐの３日間だけ特別に、児童は国際教室でほとんどの時間を過ごす。この中で、まずあいさつや自分の名前を言えるようにし、サバイバル日本語を練習する。日本の小学校での習慣や、この学校でのきまりを知ることも大切な課題としている。そして初めて体験する給食や掃除のし方を知るプログラムになっている。

このプログラムの中で、これまでの生活や学校での様子を聞きながら、私たち教員は来日したばかりの児童の気持ちに寄り添う、大切なはじめの一歩としてきた。

同様に、入学してくる1年生の中にも来日したての児童がいる。入学後すぐにとはいかないが、集中して取り出す日を設け、生活にすぐに必要な言葉などを指導している。また、複数名いる国際教室担当者が１年生の教室に入り込んで指導する機会を増やし、学校一丸となって新入生を受け入れるようにしている。

	1日目	2日目	3日目
1校時	あいさつを知ろう	日本語を知ろう② サバイバル日本語含む	教科書を読んでみよう
2校時	学校たんけんをしよう	教科を知ろう	日本語を知ろう④
3校時	日本語を知ろう①	日本語を知ろう③	先生の使う言葉を知ろう
4校時	ものの名前を知ろう	算数空白テスト	学校のきまりを知ろう
給食・掃除	国際教室で	国際教室で	在籍級で

②ステップ別の指導・支援

南吉田小学校は、中国を中心に外国につながる児童が増え続け、2017年度に全校の6割近くに達した。うち、日本語指導を要する児童は200名に上る。これだけの児童がいることと、日本語の習得状況もそれぞれに異なるという実態があり、指導方法の難しさがある。そこで、本校では日本語のレベル別にステップを設け、児童に合う日本語指導ができるよう工夫してきた。

ステップ1は先ほど紹介した「来日プログラム」を含み、来日したばかりの児童が学ぶ。ステップ2になると、ひらがなやカタカナをマスターするだけでなく漢字を導入し、日本語文法も学んでいく。ここでは、横浜市から派遣される日本語指導の専門資格をもつ講師が指導を分担する。最後のステップ3は、主に教科の補習となる。国際教室担当教員が各学年に配置され、担任とも連携しやすくしている。

2017年度は、3年生の授業において新たな取り組みを試みた。3年生の授業を二人の教員が担当し、より多くの児童を指導できる体制にした。ステップ3は、学習に躓《つまづ》きを感じている児童なら、たとえ日本生まれであってもその対象にしたのである。さらに国語に特化して指導する体制とした。そうすると、学級の3分の1程度の児童を毎日の国語の授業で取り出すことができる。授業は、日本語の程度によって進めることができるのである。考え方は、JSLカリキュラムをヒントにしている。この指導方法は担任の負担の軽減にもつながり、好評を得た。

コラム

外からは見えにくい課題を抱えている児童のために

結城　梨恵（国際教室主任）

南吉田小学校で勤務して３年目の２０１７年度に、２年生の担任になりました。校内で飛び交う中国語にも、日本語の話せない児童がクラスに編入してくることにも慣れてきました。日常会話は不自由なく行える児童が多く、４月に編入してきた友達に通訳する姿を見て、中国語が話せる児童だと知ることもありました。Ａくんもその一人でした。生まれた時から家庭内では中国語を使い、保育園や小学校では日本語を使っていました。

Ａくんは授業になかなかついてこれませんでした。算数で文章問題に取り組めない様子から、算数が苦手なのだと私は捉えていました。しかし、それだけではありませんでした。Ａくんの書く短い文を私は読み取ることができませんでした。Ａくんの文は言葉をまとまりとして書けておらず、文字が抜けているのでした。そこで私は、Ａくんの育ってきた言語環境が学習の難しさにつながっていること、そして学習言語能力の未発達による学習不振であることに気がつきました。

そう思って見てみると、Ａくん以外にも同じ課題を抱えた児童はたくさんいました。国際教室の担当と話し合い、日本語で日常会話はできても学習支援が必要な児童を対象とした国語の時間の取り出し授業が始まりました。同じ教科書を使い、同じ単元の学習を進めるのですが、国際教室では、一つひとつの言葉の意味を確かめながら学習していきました。児童たちは皆、国際教室での学習を楽しみにするようになりました。

Ａくんのことをきっかけに、同じような課題を抱えている児童がたくさんいることがわかってきました。来日したばかりの児童への支援が必要なことは周知されていましたが、日本で生まれ、日本の幼稚園へ通い、日本語で日常会話ができる児童が抱える問題は目に見えにくく、ただの学習不振だと捉えられがちです。しかし、日本人の親に日本語で育てられた児童と比べ、家庭内言語が他の言語という環境で育った児童の語彙が少ないのは当然です。音と文字が正しくつながらないまま過ごしてきたことに本人も気付いていません。

この経験を他の学年の担任に話すと、「自分のクラスも国語の時間に国際教室と連携して、対象児童を取り出して学習を進めたい」という声があがりました。国語の学習で、文を書いたり読み取りをしたりする時に、担任一人では十分に支援ができない現状に悩んでいました。どのクラスにもＡくんのような児童がたくさんいました。

その後、学校全体で国際教室の取り出し対象児童について考え直しました。昨年度まで取り出し指導がなかった児童の中にも、今年度から国際教室で学習するようになった児童もいます。保護者には、国際教室では教室と同じ学習をすること、違いは丁寧に言葉の学習をすることだと伝えました。「ぜひ国際教室で学習させたい」と、日本語のさらなる理解につながることを喜ぶ保護者も多くいました。現在全クラスの国語の時間に、国際教室で学習している児童がいます。私は、今年、国際教室の担当になりました。担任として国語の授業を行う時には気にも留めなかった言葉を取り上げ、一つひとつ、実物や写真、動きを交えて理解できるようにしています。

南吉田小学校にはたくさんの国や地域につながる児童がいます。どの国の児童も同じように喧嘩をしたり、給食の好き嫌いがあったり、友だちと仲良く遊んだりしています。しかし、その中で外からは見えにくい課題を抱えていることを忘れてはいけません。どのような支援が児童のためになるのか、これからも考えていきたいと思います。

③保護者への支援

私自身は他校でも国際教室を担当した経験があり、家庭への支援の必要性を強く感じていた。家庭の理解と支えが何より児童の成長につながることを実感してきたからである。

本校では、４年前から、市教委の施策により、外国語補助指導員が配置されている。教員免許の有無は問われないが、外国語ができるので、今ではいなくてはならない存在となった。中国ルーツの児童と保護者には中国語で、フィリピンルーツの児童と保護者には英語で対応してくださっている。受入れ手続きのときから始まり、学校と家庭を繋ぐ重要な役割を果たしている。

④校内連携の推進

文部科学省より出された『外国人児童生徒受入れの手引き』（２０１１年３月）でも述べられているように、外国につながる児童を受け入れていく中で、管理職のリーダーシップのもと、組織として取り組むことはたいへん重要である。この「組織力向上」に向けて、対象児童や保護者と近い立場で接している国際教室担当教員が役割を担うことが大切であると考える。特に、教職員の異動がある時期には、国際教室の取り組みを発信していく役割が期待されている。まず取り組んだのは、4月の学校開きの日に、全教職員に向けて研修を設定したことである。

２０１７年度は、学校外から講師を招聘した。前年に設けた研修で、日本語習得の成長段階に興味を示した教員が多かったことを受けて、さらに年齢が進んだときのことを考えてもらえるような研修にしたいと考えた。小学校の教員にとってはまだ実感のない高校受験や進路についても考えられるよう計画した。

校内連携では、特に、在籍級と国際教室、それぞれにおける児童の生活・学習の様子について、学級担任と細かく情報交換を行うように心がけている。対象となる児童の教育内容や方針について相談する必要があると考えるからである。連携を図ることで、学習面では内容を関連付けたり連続性を持たせたりすることができた経験がある。生活面でも一貫した対応をすることができた。

国際教室での取り出し指導の様子は、ファイルを交換するなどして担任にも知ってもらうよう工夫している。児童一人ひとりの問題は早期に共有されることで、より良い指導・支援につながってきた。しかし日本語習得での指導の目標は、在籍級での学習目標とは違う場合もある。国際教室で設けている指導ステップを担任にも理解してもらう必要がある。担任は国際教室での児童の様子を見る機会がないので、研修で国際教室での指導方法を丁寧に説明することが求められている。

⑤校外への発信

２０１７年9月に行われた市内小中学校国際教室担当者会では、本校独自に開発した国際教室での三つの指導ステップそれぞれを紹介する授業を公開し、国際教室運営や人権教育にかかわる取り組みをテーマに講演をした。８人の国際教室担当者が一丸となって、それぞれの得意分野を生かして研修を組み立てることができた。目標に向かって協働することの大切さや興味深さを経験することができた。

今後も、外国につながる児童への理解を深め、その成長を促す学校づくりを進めていきたい。そして国際教室担当者がその中心的役割を担うことができるという思いを強くしている。

コラム

追い風のときに帆をあげよ

王　慶紅（みなみ市民活動・多文化共生ラウンジ事業コーディネーター）

私は父の仕事の関係で幼少期を中国の新疆ウイグルで過ごしました。ここはウイグル族のほか、漢族、カザフ族、キルギス族、モンゴル族などで構成される多民族地域です。「世界には多様な文化が存在し、お互いに尊重しなければならない」。私がこの地から学んだことは自身の原点になっています。

大学は西安で日本語を専攻し、後に縁あって横浜に住むことになります。２０１３年から「みなみ市民活動・多文化共生ラウンジ（以下「ラウンジ」）で勤務し、中国語での生活相談や外国につながる中学生の学習支援教室等を担当しています。

　学習支援教室のこれまでの卒業生は173人になりますが、なかでも印象に残っているのがA君です。彼は小6で来日、中学に入りラウンジの教室に通い始めました。彼の日本語は拙なかったので、私は通訳としてサポーターとの間に入りました。しかし彼は、全く落ち着きがなく勉強に集中することができませんでした。それでも中2の後半くらいから少し落ち着きが出てきました。そして3年生になったある日、中国語の小説を紙袋一杯に持ってきました。「これは何?」と尋ねると「僕、これからは中国語も忘れないように中国の本をたくさん読む! 先生に見せにきた」とはにかみました。

　いろいろ聞いてみると、来日後2年間は言葉も文化も理解できず、「暗い洞窟」に閉じ込められていた感覚だったそうです。それが日本人の友人ができたことで、世界が少しずつ開けていったのだといいます。彼は今、アニメの仕事に就くことを目指して、高校に通っています。

　私は業務の一方で、外国につながる児童の多い南吉田小学校には、ボランティアとして関わっています。同小は多いときは毎週のように中国からの転入生が入ってきます。日本語ができないので、授業のサポートが私の役割です。「王先生こっちにきて!」子どもたちは元気に中国語で話しかけてきます。10人以上から声が掛かることもあり、そんな時は「所狭し」と教室の四方を駆け巡ることになります。

　2年生男子の読書感想文を見てあげた時のことでした。小1で中国から来日した彼は、家庭では中国語でしたが、学校生活も1年以上が過ぎ、日常の日本語は驚くほど上達していました。自信があったのか、彼が選んだ物語は挿絵が少なく、文字が多かったです。感想文がなかなか進まないので、話の内容を日本語で尋ねてみると、物語のストーリーが理解できていないようでした。単語とセンテンスを中国語に直訳しましたが、彼の頭には「日本語」に対応する「中国語」が抜けていました。日常生活の中国語を使いながら「噛んで含めるように」説明すると、彼の表情は柔らかくなっていきました。

こんなこともありました。先生の「接続助詞」の説明に、多くの中国人の子どもたちは首を傾げていました。「順接」「逆接」の意味がわからないのでした。先生は例文を使いながら、ゆっくりと丁寧にその意味を再度説明しました。私は先生の隣でわかりやすい中国語で通訳しました。すると次第に理解をしている様子でした。

母語が確立していない段階で来日すると、母語も日本語も不十分な「ダブルリミテッド」になる可能性が高いと言われています。それを身をもって感じる機会も少なくありません。来日時の学齢により、思考言語が停滞するリスクを中国人の保護者にはもっと知ってほしいと思います。

子どもたちは可愛いです。学校の校門をくぐると、「先生どこも行かないで」「私のところには何時間目までいてくれるの」と私を見つけるやいなや、抱きついてきます。子どもたちに囲まれていると、もっともっと頑張れそうな気がしてきます。

(2) 全校での取り組み

①互いの文化や習慣を学び合う活動

世界13の国・地域から集まる児童が学び合う環境を活かして、互いの文化や習慣を学び合い、その違いやよさに気づく活動を大切にしてきた。

○世界の国とつながる時間

2校時と3校時の間にある25分間の休み時間に、フィリピン、中国、韓国・朝鮮、ジャマイカ等、いろいろな国・地域の遊びや歌を楽しみながら体験する活動を行ってきた。全校児童を対象として行うこともあれば、活動の内容によっては低学年と高学年に分けて行うこともある。参加するかどうかは自由で、体験したい児童だけが、時間になると体育館に集まってくる。児童に遊びや歌を教える講師は、神奈川韓国綜合教育院等の関係機関の職員、外国人保護者、外国人の母語による学習支援サポーターらが担当した。

世界の国とつながる時間

○世界の子ども聖火リレーと多言語放送

毎年10月の第２土曜日に行う運動会「ＭＹキッズ・スポーツフェスティバル」。その開会式には、世界各国・地域の民族衣装を身に着けた児童が聖火リレーを行い、参会者から大きな拍手をもらっている。毎年、聖火ランナーに選ばれた児童の保護者は児童の晴れ舞台を楽しみにしていて、進んで衣装の準備をする方も多い。運動会会場のアナウンスは５～７か国語の言語で行っている。アナウンサー担当児童は、母語や日本語の能力、保護者からのサポート状況、学年等を考慮して選出する。選ばれた児童は運動会の準備が始まる９月半ばからの約１か月間、会場アナウンスの猛練習に取り組み、本番を迎えている。こうした外国人児童が全校児童・保護者の前で活躍できる場は、ルーツの再確認・尊重や児童同士のよりよい関係づくりに役立つと考えている。

運動会での多言語アナウンス

○夏休み国際読書会

７月、夏休みに入ると、世界の言語で楽しむ読み聞かせの会、「夏休み国際読書会」を２日間開催している。４年前に横浜市教育委員会東部学校教育事務所の学校自主企画事業として、サポートを受けながらスタートした。毎週水曜日、朝の読書タイムに読み聞かせを続ける

夏休み国際読書会

「読み聞かせボランティア」の保護者・OBが中心となり、外国人保護者、ボランティア大学生、横浜中華学校の元教員、神奈川韓国綜合教育院からの派遣講師、セブン銀行の読み聞かせグループ「ボノロン」等が歌やダンス、ゲームも交えながら多言語の読み聞かせを実施している。

○MYワールドランチ

4年前から校内栄養職員に給食の独自献立を作成してもらい、世界各国・地域の料理を食べながら食文化を学ぶ「MYワールドランチ」を実施している。毎年3～5回の実施を続けているが、これまでに中国、韓国・朝鮮、フィリピン、アメリカ、ロシア、タイ、ペルー、ネパール……と、様々な国・地域の料理をとり上げてきた。全校児童が15分間の朝学習時間を使って一斉に事前学習してから、その日の給食時間を迎えるようにした。日本の箸文化や箸の使い方を学ぶために、愛媛県愛南町漁協の協力で、全校児童へ「鯛めし」と「鯛のカマ焼き」を850食提供したこともある。また、南極観測船に乗っていた元自衛官だった調理員のレシピを生かした「南極カレー」、MYキッズ・スマイルフェスティバル時の調理員考案「スマイルトースト」の提供等、全校児童が心待ちにする楽しい給食が実現できている。外国人保護者の母国料理のレシピ提供や事前学習の教材用ビデオへの出演等も行われている。

MY ワールドランチ

②互いの国・地域の言語に親しむ活動

休み時間になると、いろいろな国・地域の言葉が飛び交う本校であるが、互いの言語に親しむ場も大切にしている。

○朝のあいさつ運動

児童運営委員会がすすめる活動の一つが朝のあいさつ運動「世界の言葉であいさつしよう！」である。毎年秋、２週間にわたって実施する。運動が始まると運営委員会児童が各国のあいさつ言葉を書いたポスターを掲げながら校門に立って呼びかける。「ザオシャンハオ」「アニョハセヨ」「おはようございます」……各国のあいさつ言葉が交わされると気持ちよい朝の光景が広がってくる。はじめは戸惑っていた児童も次第に笑顔であいさつを交わすようになる。自分の母語で安心してあいさつできることは、児童にとって何よりうれしいことのようだ。

○韓国・朝鮮語、中国語教室、英語クラブ

外国とつながる児童の多くは日本生まれ、または幼少期に来日した児童である。日常の生活に必要な会話は日本語で不自由なく行うことができているが、本校では、家族と話したり、読んだり書いたりする力を育てていくために、毎年９月より毎週水曜日の午後、母語教室を開催してきた。児童はここで母語を学びながらアイデンティティの確立を図っている。その母語教室を３年前から他の国・地域の児童にも開放して、互いの国の言葉に親しみながら互いの文化や習慣を知り合

朝のあいさつ運動

う場として活かしている。韓国・朝鮮語教室と中国語教室は2年生以上、特設英語クラブは4年生以上を対象として実施している。

母語教室の様子

③保護者ネットワークづくりの活動

外国人の保護者同士の関係づくりや、日本人と外国人保護者の関係づくりにも力を入れている。いろいろな国・地域の子どもが学校生活を安心して楽しく送るためには、まず、保護者同士が共に子どもたちを見守っていく関係を築くことが大切である。ＰＴＡ役員さんの協力を得ながら、日本語の不自由な保護者にもできるだけ気軽に来校できる雰囲気の交流の場づくりに努めてきた。

○子ども・学校・ふるさとを語る会

各家庭の料理を少しずつ持ち寄り、世界の味を楽しみながら語り合う「子ども・学校・ふるさとを語る会」を継続的に開いてきた。参加者募集のお知らせを各国語に翻訳して出したり、ポスターを掲示したりしたが、なかなか参加者が集まらない。そこで、担任や国際教室担当が電話で一人ずつ誘い、口コミでも広げてもらうようにした。回を重ねるうちに少しずつ参加者を増やすことができた。

○外国人保護者による料理教室

ルーマニア料理教室、タイの野菜カービング教室、中国の餃子パーティ、韓国・朝鮮のキンパづくり教室等が実施された。中国の餃子パーティは、中国人保護者が中心になって活躍し、合計１、５００個もの餃子を調理した。パーティ参加者は各家庭の本格的な餃子の味を堪能しながら楽しく交流することができた。

外国人保護者による料理教室

○まちに進んで関わる活動

日本人児童にとっても外国につながる児童にとっても、南吉田小はみんなの母校であり、わがまち・横浜はみんなのふるさとである。５年後、10年後、ここで学び共に育った子どもたちが、母校を愛し、手をとり合い、このまちを誇りに思って、そのよさを世界に発信してくれる大人になってほしいと考えている。そのため、本校では、自分のまちについて学んだり、そのよさに気づいたりする活動や自分のまちの活動へ自ら関わったり、まちへ貢献したりする活動を大切にしている。

○全校公園清掃活動、ハマロードサポーター活動

毎年、落ち葉の季節になると、全校児童が学年毎に、近隣の公園へ清掃に出かけている。町内会長さんや公園愛護会のみなさんと一緒に活動する場合もある。１年生は清掃が終わると、きれいになった公園で、ご褒美として紙飛行機づくりを教わり、地域の方との交流を深めている。

環境美化委員会の５・６年生は、土木事務所事業の「ハマロードサポーター」に登録をしていて、

まちについて学ぶ児童たち

学校周辺道路の清掃活動を続けている。落ち葉の季節には、委員会児童だけでは手が足りなくなるので、全校に呼びかけてサポーターを募って実施している。

○学校・地域合同防災拠点訓練の子ども通訳

２０１２年度から、地域防災拠点訓練を学校と地域の合同で行うようになった。東日本大震災発生時、外国人避難者の収容に大混乱が生じたことへの反省からである。訓練は、大地震発生を想定し、学校へ児童を引き取りに来た日本人、外国人の保護者をそのまま受け付け、学校内へ収容するというものである。まちには日本語の通じない住民も多いので、受付には行政から派遣された通訳も配置される。しかし、数が足りない。そこで2か国語を話せる本校児童が「子ども通訳」として、日本語がわからない方への通訳の手伝いを行っている。自分がまちの人の役に立つという経験をさせながら、まちへ進んで関わり貢献しようとする気持ちを高めていきたい。

⑤想いを伝え合い、共に学ぶ活動

本校の児童は、互いの違いを感じながら日々、学校生活を送っている。そして「国・地域が違えばいろいろな考え方や感じ方があるんだ」とい

防災訓練での子ども通訳

うことを実感しながら成長している。でも、だからといって日本の児童も中国の児童もフィリピンの児童も、互いの違いを乗り越えてみんな仲良し……と、簡単にはいかない。休み時間になると、数の多い中国の児童がいつも中国の子同士でかたまり、中国語だけで談笑していることを多く見かけるようになった。この傾向は、特に高学年の児童に目立っていた。「日本の子と中国の子はあまり仲が良くないのだろうか」「関わり合えないのは文化や習慣の違いが原因なのだろうか」「言葉が通じないからお互いに声をかけないのだろうか」と教職員の間でも議論があった。「子どもたちの本音を聞いてみたい」「子どもたち自身に考えさせたい」「子どもたちと一緒に、私たち教師も考えてみたい」「保護者・地域の方にも考えてもらいたい」……そんな想いの中で12月のＭＹキッズ・スマイルフェスティバルの午後に「子どもパネルディスカッション」が計画された。

○第1回　子どもパネルディスカッション（２０１６年12月）

子どもたちから「今の南吉田小はみんなが本当に仲良くなれていない。もっと仲良くなるにはどうしたらよいのだろう」という問題提起があったので、「つながれＭＹキッズになるために」というテーマでパネルディスカッションを行うことにした。「小学生によるパネルディスカッションって本当にできるのだろうか」そんな心配の中、計画づくりが始まった。保護者・まちとの連携や児童がまちと関わる活動を推進する教員グループ（Ｄプロジェクト）と外国人・外国につながる児童や家庭事情のある児童の課題解決を担当する教員グループ（Ｃプロジェクト）のメンバーがディスカッションの方法を考え、パネリスト児童の人選を進めていった。全校アンケートを実施し、その結果を分析しながら、問題意識をはっきりともつ児童を人選した。外国人児童と仲良くできている日本の子、外国人児童の中のリーダー的存在の子、来日してからの日本語習得をものすごく頑張っている子等が選ばれた。話合いのおおまかな流れを決めてリハーサルを3回行ったが、児童の話す内容が毎回違っていたり、話の途中で何を話しているのかわからなくなったりして心配した。最後は、これだけは言いたいと思うことだけを児童にメモさせて本番を迎えた。進行役の教員は2名。大事な部分は通訳して会場に伝えた。約30分間、パネリストの児童は、自分の思いを一生懸命伝えた。会場フロアの児童からもたくさんの意見が出された。児童の話合いの中から私たち大人が子どもたちの思いに初めて気付くことも多かった。

【パネルディスカッションでのやりとり】

質問　休み時間、どうして中国の友だちとだけ集まって中国語で話しているのか。

答え　1、2時間目に難しい日本語で授業を受けているから、休み時間ぐらいは気の合う中国の友だちと集まって中国語で話していてもいいと思う。

質問　「一緒に遊ぼう」と誘っても、なかなか一緒に遊ばないのはどうしてか。

答え　日本の友だちは「ドッジボールを一緒にしよう」と誘ってくるけれど、中国にはドッジボールのような遊びはない。ボールに当たると、すごく痛いから遊べない。

質問　一緒に遊べるような遊びに誘ったら、みんなで遊べるのか。

答え　私たちも日本の友だちと遊びたいし、声をかけられたらすごくうれしい。一緒に遊べるものなら、みんなで仲良く遊びたい。

○第2回　子どもパネルディスカッション（2017年12月）

2回目のパネルディスカッションテーマは「言葉がわからなくても、お互いがわかり合うために」だった。パネリストとして登壇したのは、4～6年生の日本と中国の児童、中国につながる児童、フィリピンにつながる児童で、それぞれ来日の時期は様々だ。ファシリテーター役の教員2名と英語、中国語の通訳教員2名も登壇した。授業中のグループ学習時のことを中心に話し合った。

【パネルディスカッションでのやりとり】

質問　グループ学習で言葉が通じ合わないときはどうしているのか。

答え　ジェスチャーで伝える、ゆっくり話す、書いて説明する等して工夫している。言葉ができる友だちに通訳をたのむこともある。

質問　日本語がまだよくわからない友だちはどんな思いで学習しているのか。

答え　友だちが一生懸命伝えようとしてくれることはうれしい。何となくわかると、とてもうれしくなる。だけど、どう返事していいかわからない。早く日本語が覚えられるようになりたい。だから国際教室の他に家でも勉強している。

質問　日本語がまだよくわからない友だちがいたら、どうすればいいのか。

答え　進んで声をかける。気持ちを考えてあげる。進んで通訳する。

MYキッズ・スマイルフェスティバル

「わかった？　わからない？」と、（選択肢をあげて）訊く。

最後に、会場フロアの児童たちも交えて、これからどうしたいかを話し合った。すると、「もっと日本語を話せるようにがんばりたい」「声をかけて、相手のことをもっと知りたい」「わかってもらえるように伝える工夫をしたい」「友だちが日本語の勉強を頑張っているのがわかった。だからぼくたちも外国の言葉を覚えるべきだ」等の意見が出された。

児童たちの話し合いから、言葉がわからないからと、歩み寄らないのではなく、お互いをわかり合おうとすることが大切だという気持ちが伝わってきた。

子どもパネルディスカッションの会場

コラム

君たちにエールを！

秋永 佐恵子（外国語補助指導員）

この学校で接する外国籍児童の多くは、生後間もなくから母国の祖父母や親類に育てられ、転入してきた経験を持っています。学齢もバラバラで、親の考え、仕事の関係、経済的な理由などが来日年齢に影響しているようです。１年生入学前では、日本人児童と同じくすべてが新鮮で、期待に胸ふくらませ小学校生活をスタートしますが、日本人児童との差はあまりにも大きく、サポートなしでは授業がわからない、つまらない、宿題ができないなど、あっという間に幾つもの困難に直面してしまいます。中学年、高学年になると母国での学習経験もあり母語も流暢で、すぐにクラスの同国出身児童を見つけ、かれらの学習態度に馴染んでしまいます。良いことも、まねて欲しくないことも、とにかくそのスピードは速いです。しかし彼らの心の内を少し覗いてみると、葛藤や疑問や不満が垣間みえてきます。母国で楽しくやっていたのに、なぜ突然日本へ来なくてはならなかったのか、授業なんてついてゆくのは無理に決まっている、帰宅しても親は仕事で不在、日本に呼んでおきながら勝手なものだ、一人でゲームや母国の番組が見られるテレビを見て過ごすしかない。どうして自分はここにいるのだろうかと。

外国籍児童が直面する問題はいろいろな場面で取り上げられていますが、彼らを見る視点がネガティブであってはいけないと思っています。学校では、すべてに関して日本人児童と平等、公平が保たれ、日本語基礎学習のための国際教室も準備されています。多くの語学ボランティアも手を差し伸べています。保護者の経済的な問題に対処する就学援助制度や児童手当なども日本人と同様に受給できます。教科書も配布され本人が使用するドリルなどを除いては学費というものは不要です。進学も外国人だからといって差別を受けることはありません。本人の学力次第です。と、ここまでは行政、ここから先は個々の家庭環境や学習へのモチベーション維持が大切です。

私は高学年の来日児童には、学校生活に馴染んでしまう前に、きちんと話をするようにしています。彼らがあまり知らない来日までの親のことです。

子どもと離れ離れに暮らして幸せな親はいない。みな必死で働いて母国へ送金し、生活が安定したところで君たちを呼び寄せる。ある親は母国でしっかり母国語を習得してほしいと、来日の時期を考えてくれた結果が今。学校から帰っても親はいない？　だって親はずっとそうやって働いて、君たちを育ててくれた祖父母に送金してきたのですから。これからも君たちの将来のために仕事を減らしたりはしないかもしれない。でも考えて！　親は自分たちが暮らしにくい、将来など描けない国へ自分の子どもを呼ぶと思う？　日本人と仲良くなれない？　だって君はいつも同じ国の人とばかり遊んでいる、ここは日本、24時間日本語の世界にいるんだよ、それにこれからもずっと日本で日本人と一緒に生きていくのでしょう、日本語から逃げるわけにはいかないよ。君たちには、手が差し伸べられている。すべてのことを利用し、日本語を習得していってほしい。

君たちも少しずつ日本のこと、学校のことがわかってきたでしょう。日本の学校、とても自由でしょう。でも甘えていてはだめだよ。君たちがその気になれば、先生もクラスの友だちもみんな喜んで手伝ってくれる。けれど自由をいいことに怠けていると、日本語は永遠にやっかいなものなんだよ。日本に来たことを、日本で一生懸命に働いてきた親が君たちにくれた大きなチャンスだと思って！　そして君の手の中にあるこのチャンスを逃さないで。頑張れ！　外国につながる子どもたち！

３　今後の課題

藤本　哲夫

（１）６年間を振り返って

本校はこの数年間で職員のほとんどが入れ替わった。私が着任した６年前の様子を知る者もわずかになった。当時の学校には全くゆとりが無かった。どの職員も必死で働いていたが、日本語がわからず学習について行けない児童が校内にあふれていた。当時、日本語指導が必要な児童は90名近くいたが、国際教室担当教員はわずか２名しかいなかった。担任が一生懸命指導しても、授業が思うように進まない様子が各クラスから伝わってきた。児童は挨拶さえうまく返せない。体育館に全校児童を集めると、私語がやまず、マイクの大きな声で注意されてようやく朝会が始まる。学校内のあらゆる箇所が施錠されていたことも当時の学校の困難な状況を物語っていた。

まず手を打たなければならないことは、国際教室担当教員を増やすことだった。市教委事務局へ事あるごとに児童の窮状を伝え、加配教員の配置を要望した。担当課の温かい理解もあり、非常勤職員も含めた国際教室担当教員の数は3人、5人、7人、8人と年を追うごとに増えていった。校内組織改革にも着手した。校内には外国につながる児童にかかわる課題の他にも解決すべき課題が山積し、待ったなしの状況だったからである。1年間様子を見てからとも思ったが、着任してすぐの6月には分掌組織の変更を提案した。混乱を心配する声も聞こえたが、夏休み明け9月には新組織が発足した。学年・教科運営、児童指導、事務・渉外部を所管する「運営・教務部」と重点研究、年次研修、職員研修を所管する「研究・研修部」を改革を前に進める車の両輪に見立て、その真ん中に「指導・企画部」をエンジンとして位置づけた。このとき新設したのが指導・企画部の五つのプロジェクトである。私は、五つのプロジェクトに前例にとらわれない、アイデアあふれる、思い切った提案を期待した。後期後半には新組織による学校運営がなんとか軌道にのり、次年度になり五つのプロジェクトチームが機能するようになると、改善へ向けての新たな提案が次々と出されるようになった。現在、外国につながる児童にかかわる課題解決を目指すプロジェクトは、保護者・まちとの連携事業を企画するプロジェクトや、児童主体で豊かな心の育成を目指すプロジェクトと連携して、多文化共生を目指す新たな取り組みを次々と生み出せるようになった。

（２）成果

○国際教室担当者の大幅な増員により、より多くの対象児童へ、日本語指導、学習支援、生活適応指導が実施可能になった。また、担当者間の定期的なミーティングの実施や国際教室主任によるコーディネートが、児童実態の共有をもとにした組織的な指導・支援の実現と充実につながってきた。

○関係機関との連携が進んできた。国際教室へ大学生が授業参観や指導実習に来たことがきっかけとなり、夏休みの国際読書会や補習会へ学生ボランティアが多数参加する等、各大学との交流が進んだ。外国人児童の日本語習得をはじめ、多文化共生の学校づくり・まちづくり、国際理解教育の推進等について、大学の先生方より専門的な立場からの助言をもらえるようになってきた。横浜市国際交流協会、みなみ市民活動・多文化共生ラウンジ、アースプラザ等の関係機関との連携も進んだ。２０１７年７月には、外国人住民がより暮らしやすい地域づくりへ向けたアンケートを本校の保護者面談の機会をとらえて実施した。南区役所の外国人住民の地域活動参画事業とも連携が始まった。

○旧富士見中学校の跡地に待望の日本語支援拠点施設「ひまわり」が開設され、２０１７年９月より児童生徒への日本語支援が始まった。これまで学級担任と国際教室担当だけで抱えてきた来日直後の児童への日本語初期指導や保護者支援を週３日、１か月間の「プレクラス」や入学前の「学校ガイダンス」でサポートしてもらえるようになった。児童一人ひとりの日本語の習得状況、母国での学習状況等、「ひまわり」からの情報提供が、その後の学校でのスムーズな受入れに大いに役立つようになってきた。

○国際教室での指導の充実と共に、学級担任を中心とした職員全体の意識に変化が見え始めた。以前は「学級では学習指導を進める。日本語指導は国際教室で進める」という間違った分業意識が教員間に強かった。しかし、国際教室担当者の数が増え、学年ごとに分担して指導できるようになってから意識の変化が起きた。2017年度の3年生の実践が引き金になった。前述のように、3年生は国語科指導を各担任と国際教室担当とのチーム・ティーチングで継続的に行った。国際教室は日本語支援をしながら教科書の内容をわかりやすく少し平易にして教科学習にも取り組んだ。練習は国際教室で行い、発表は在籍学級で行う等の交流もした。また、3年生の国際教室担当者は国語科指導だけではなく、日々の給食・清掃指導や校外学習の指導にも積極的に関わった。学年に在籍する特別な教育的支援を必要とする児童の指導にも担任と共に携わった。まさに、国際教室担当者が3年生4クラスの第5番目の担任の役割を果たしてきたのである。年度末には、複数の一般級担任から「来年度は国際教室担当になって、学級担任との協力指導の可能性に挑戦してみたい」とのうれしい声が聞こえるようになった。

(3) 課題と今後の方針

本校の教育環境の急激な国際化が、保護者や地域住民に様々な不安感をもたらしていることは事実である。毎年、年度途中の転編入・転退出児童数が100名を超える動きの中で、日本人児童の占める割合が次第に少なくなった。「学習に遅れが出るのではないか」「日本人の児童たちが学校生活の中で我慢をしているのではないか」「外国人の児童が増えたことで教室が足りなくなったのではないか」「ＰＴＡ役員等、日本人保護者の負担が増すのではないか」等の声が、事あるごとに聞こえてきている。

そうした声には、「まず、学校を参観してほしい。児童たちの様子を実際に見てほしい」と答えている。保護者や地域に学校の様子を理解していただくためには、日頃からの学校情報の積極的な発信が何よりも大切だと考えている。学校ホームページの毎日更新、学校だより・学年だよりの内容改善、土曜日授業の活用、入学予定児童保護者への授業参観や学校行事参加等、できる限りの発信をこれからも続け、さらに開かれた学校を目指さなければならない。学校生活の中で、互いの違いをよさとして認め合い、共に高め合おうとしている児童たちの共生の姿をぜひ見てほしいと思う。

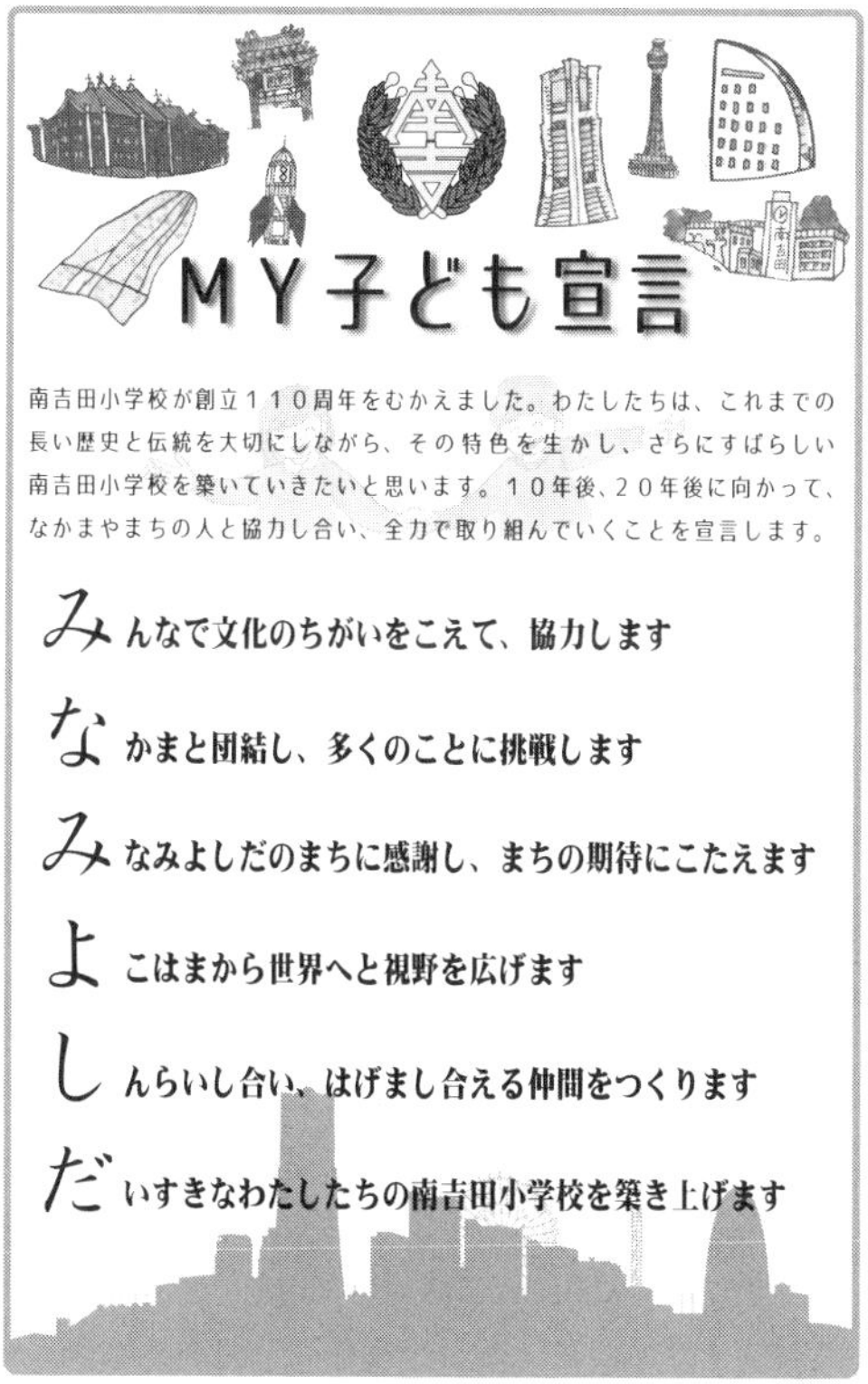

MY 子ども宣言

校長室の壁には、４年前の１１０周年行事の際、児童たちがつくった「MY子ども宣言」が掲示してある。「これまでの長い歴史と伝統を大切にしながら、さらに素晴らしい南吉田小を築いていきたい」という気持ちと「10年後、20年後に向かって世界の仲間やまちの人と共に全力で取り組みたい」という児童たちの決意が「み・な・み・よ・し・だ」の6文字に表されている。この児童たちの想いを大切にして、今後は、国際教室担当と個別支援学級や一般級の担任が協働して日本語指導や学習支援にあたれる組織づくりを目指し、職員一丸となって多文化共生の学校づくりへ邁進していきたい。

第４章　横浜吉田中学校

金澤 眞澄（校長）

１　学校の紹介と学校経営のビジョン

横浜吉田中学校は、２０１３年４月に吉田中学校と富士見中学校が統合した、全校生徒数３９７名（２０１８年５月現在）の新しい学校である。伝統ある吉田中と富士見中の流れを汲み、生徒の自主性を育てる生徒会活動や学校行事が盛んである。横浜市の中心部に位置し、中・西・南区といった三つの行政区にまたがる広範な学区を抱え、伊勢佐木・野毛・馬車道・横浜橋など横浜中心部の商店街、中区・南区の下町、みなとみらい地区の高層マンション街とそれぞれ独自の地域色が見られる。

高い自治力を有する地域が多く、地域行事も活発であり、学校への期待や関心も高い。連合町内会、青少年指導員、スポーツ推進委員、同窓会等地域の方の学校へのバックアップの力が大きい。学校でも教員の地域担当制を敷き、地域の方々・地域に住む生徒・地域を担当する教員が一堂に会する地域

生徒が大好きな校歌の一節

交流委員会を組織している。

２０１８年５月現在、横浜吉田中学校には１１６人の外国人生徒、及び86人の外国につながる日本籍生徒が在籍し、外国につながる生徒数は全校生徒の51％に及ぶ。５年前の開校当初が36％だったことを考えると、急激な増加傾向にあることがわかる。つながる国と地域は11に上るが、中でも中国につながる生徒は37％を占め、全校生徒の３人に１人が中国語を話すという状況になっている。また、国際結婚でフィリピンやタイにつながる家庭も多い（**図表２－７、図表２－８**）。

本校の喫緊の課題は、生徒の学力の向上と多文化共生教育の充実であり、本校の特色ある教育にもつながっている。校長着任以来３年にわたり、学校経営の重点に位置づけ、市教育委員会の様々な事業を利用し、課題解決に向けた取り組みを実施してきた。

市学力状況調査では、全市に比して学習意欲は高いが、学習状況が厳しい生徒が多い結果となっている。基礎・基本の学力をしっかり身につけ、わかる授業を実践することが本校の大きな課題であり、２年前から教師の授業力向上に向けた様々な試みをしている。具体的には、毎年１月に３教科で研究授業をし、市教育委員会の指導主事や大学教員を講師に招き、校内授業研究会を実施している。また、２回授業参観週間を設定し、教員がお互いの授業を参観し合い、学ぶ機会をつくってきている。

放課後には、２種類の学習支援を実施している。一つは、国際教室の生徒を対象にした学習支援であり、もう一つは、日本人生徒まで対象に広げた学習支援（校歌の歌詞の一部「此処から始まる夢がある」から「ここ夢塾」と名付けた）である。いずれも退職教員、社会人、大学生のボランティアが学習支援者となり運営され、生徒の基礎・基本の学力定着に貢献している。参加している生徒からも「わかるようになった」と嬉しい発言も聞け、効果的な学びの場になってきている。

ここ夢塾

開校２年目（２０１４年度）に、日本人生徒だけでなくフィリピンにつながる生徒を含め、日本語が話せる生徒と中国につながる生徒の間で暴力事件が発生した。他愛もない理由が原因で、関係のない生徒まで巻き込み集団暴力に発展した。教室内では、中国につながる生徒がグループ化し、日本人と中国人が関わらない状態があった。

何をしたらいいのか、模索しながら様々な対策をとった。校長講話に中国語をひと言付け加えるようにした。編入時の保護者・生徒面談では、日本人との関わりを増やすこと

図表 2-7　全校生徒数・外国につながる生徒数の推移

年度	2013	2014	2015	2016	2017	2018
全校生徒数	397	374	390	390	381	397
外国につながる生徒数	143	131	164	164	179	202
（割合）	36%	35%	42%	42%	47%	51%

図表 2-8　国・地域別外国につながる生徒数（2018 年度）

国・地域	外国につながる生徒数（人）
中国・台湾	148
フィリピン	31
韓国・朝鮮	8
タイ	7
その他	8
合計	202

をねらい、部活動の入部を勧めた。また、教職員向けに中国語教室も始めた。

日本人生徒に外国につながる生徒の思いを共有してほしい。日本人生徒が中国語を学ぶ機会を設け、中国の生徒と関わる機会をつくりたい。様々な機会で外国につながる生徒の自己有用感を高めたい。そのような思いの中で、本校の多文化共生プログラムの取り組みが始まった。

コラム

外国語補助指導員としての思い

唐 淑華（外国語補助指導員）

日本で暮らして、今年で27年になります。二人の子どもが旧富士見中に通っていたので、初めは保護者として通訳などのお手伝いをするようになり、その後母語教室で中国語を教えました。横浜吉田中が開校してからは、外国語補助指導員として生徒たちに関わっています。学校と関わるようになってから、13年が経ちました。

支援を始めたばかりのころは、まだ中国の生徒たちは今ほど多くはありませんでした。修学旅行や体育祭など行事への参加を拒む生徒もいましたが、今は言葉がわからなくても学校に溶け込んでいるように見えます。行事にみんなと一緒に取り組んでほしい、思い出をつくってほしいと、先生たちの働きかけも変わってきたように感じます。中国から来た生徒たちが楽しく学校に通う姿を見ると安心します。学校での支援は本当に様々です。教科の学習支援だけでなく、生徒同士のトラブルの仲裁、保護者への通訳など、緊急対応が必要なことも度々あります。中には複雑な環境で育った生徒もいて、子どもの立場、親の気持ちの両方がわかるだけに心が痛むこともあります。

彼らには日本語で読み、書く力を身につけてほしいと願っています。この年齢の生徒たちは言葉の習得は速いのですが、今後日本で生活していくうえでの日本語習得の必要性は十分わかっていません。進学や就職の際に日本語がハードルになることも多いです。日本で生活していくために日本語は不可欠ですから、しっかり正しい言葉を習得してほしいと思っています。

コンビニで買い物していて、よく「先生！」と声をかけられることがあります。卒業した生徒たちとバイト先や地域で再会するのは、とてもうれしいです。大人と生徒の間の微妙な年頃の中学生はやはりかわいく、私も中国の生徒たちからエネルギーをもらっています。日本に来ることになったのは自分の意思ではないかもしれませんが、ここで生活する意味を見つけて、将来を切り拓いてほしいです。

2　多文化共生を進める取り組み

熊田　路代（前 国際教室担当
現 横浜市立平楽中学校教諭）

（1）国際教室の日本語指導

２０１７年度は、日本語が全くわからない生徒が35人編入した。海外から次々に生徒がやってくる状況で、国際教室に最も求められている役割は日本語指導である。もはやマイノリティとは言えない彼らが早く日本語を身につけ、自立して学校生活を送り、教科学習で学力を発揮できるようになることは最優先の課題である。国際教室の日本語指導は、「特別の教育課程」による日本語初期指導と、教科のグループ指導の二つの形態で行っている。

来日して間もない生徒には、語彙が難しく抽象性の高い国語、社会、理科の時間に国際教室で日本語初期指導を行う。日本語への依存度が低く、母国での学習経験も期待できる数学や英語、技能教科は教室での授業に参加する。週約10時間、６か月から1年で小学校6年生の漢字までを学習し、初期指導を終了する。「文字」「文型・文法」「漢字・語彙」と語学学習の負担が軽くなるようスモールステップにし、学習者自身が見通しを持って主体的に取り組むことを目標にカリキュラムを整えた。

初期指導を終了すると教室での一斉授業に合流するが、依然教科学習についていくのは困難なので、国、社、数、理、英の５教科は週に１回ずつ、在籍クラスを離れてグループ指導をする。時間割を工夫することで、一斉授業の中では十分に指導しきれず、理解が足りなかったところ、母国とのカリキュラムの違いによる未習の分野を、教科担当者が少人数指導できるようにしている。その際母語支援サポーターが母語を介して授業をサポートする。教科のグループ指導を経て自立して学習する力がついたら国際教室の指導を終了する。

　日本語初期指導をようやく終え、意気揚々と教室での授業に参加した生徒が、教科の内容が全く理解できずに激しく落胆する姿をこれまで何度も見てきた。従来の日本語テキストは、パターンで暗記させる児童向けのものか母語の確立した大人向けのものだけだった。認知発達の途上にある思春期の生徒を対象としたテキストがなかったために、文脈を読み取ったり、情報を整理したり、論理を組み立てたり、適切に表現したりといった認知力の成長が中断していたのだと思う。文脈から切り離された言葉を暗記するだけでは、教科学習で求められる日本語力も思考力もつかないのだった。

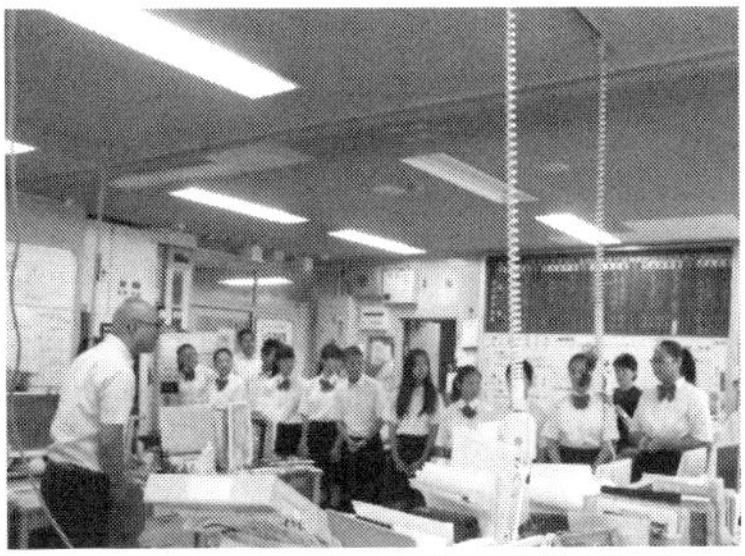
夏休み明けに職員室で編入生徒の紹介

　このような行き詰まりを感じていたところ、一橋大学研究グループ（代表・庵功雄国際教育センター教授）とつながり、２０１５年９月から、中学生・高校生向けの教材作成に協力することになった。このテキストは、中学生に身近な日常生活の場面から徐々に抽象的なトピックを読み進めることで、書き言葉の日本語、教科特有の表現を学び、教科学習への橋渡しとなるように編集されている。文脈を読み取って類推したり、テーマに沿って作文したり、文法を整理したり様々なアプローチで構成されているため、日本語を学習している間に認知発達が停滞するというこれまでの課題が克服されている。

このテキストを試用した生徒は明らかな違いを見せた。定期テストの問題文のようなまとまった文を読むことや、既習の表現を使って作文することに抵抗を示さなくなった。また、活用などの文法を整理すると誤用が減り理解が進む様子からは、中学生が言語を概念的に習得することが改めてわかった。教材を通して彼らに必要な学びが見えてきた。

外国につながる生徒たちの受入れ体制やサポート人材が充実してきた半面、生徒の自立に不可欠な日本語を指導するための教材やカリキュラムの整備は進められてこなかったように思う。多様な背景を持つ生徒たちに一律に対応できないことが理由だが、外国人の生徒たちが増え、少数点在校も年々増している状況で、日本語の指導に悩む学校も少なくないのではないかと思う。横浜吉田中学校のように切実なニーズを抱える学校現場と、専門家、研究者がつながることの意義を感じる。

コラム

中学生を対象にした教材開発の意義

志村　ゆかり（前 東京経済大学講師
現 関西学院大学講師）

中高生の日本語支援に関わり始めて、今年で足掛け13年になります。そして、この13年間に渡り歩いた支援の場は、公立学校、フリースクール、地域の学習支援教室と様々です。その様々な場で、様々な生徒に出会ってきました。「様々」という言葉を多用していますが、その多様性は一言では言い切れません。そうした多様性と対面しながら、常にどの場でも逡巡させられたことがあります。それは、「何を」「どう」教えるかです。まず、彼らに適切な教材を見つけるのが難しかったです。そして何より「受験」という壁が立ちはだかる彼らにとって、到達すべき日本語力は、できるだけ短期間で教科を学べるまでの日本語力でした。

この難問を目の前に、私は体系的かつ段階的な教材を作成する必要性を実感しました。そして現在、仲間とともに着手しているのが、中学生のための日本語総合教科書です。

この教科書は、「中学生を対象にした生活のための日本語から教科を学ぶために必要な日本語まで」を、三つの段階に分けて扱っています。ステップ1では、彼らの学校生活を中心とした身近な日本語を、ステップ2では、そこから一歩、彼らを取り巻く社会に視点を広げた日本語を、そしてステップ3では、教科という専門的な分野に焦点を当てた日本語を学びます。そして、この教科書の特徴は、生徒が自ら考え、日本語で表現、理解ができるようになることを目指している点です。

この特徴の成果は、横浜吉田中学校の特別の教育課程の中で試用させていただいた実践結果に現れています。横浜吉田中学校の生徒たちは、みな自由な発想で、自ら考え、日本語でやりとりする姿勢を見せ、日本語での自己表現を楽しんでいました。さらには、日本語学習から離れた教室内でのスピーチ活動、作文活動、ひいては学期末試験等でも、その考える力は発揮されていたと、国際担当の教諭から伺っています。

現在、教科書はステップ3の段階を迎えています。この最後のステップが完成した暁には、多少なりとも、「彼らにとっての日本語とはどんなものを指すのか」という見取り図が描けているのではないかと思っています。

（2）学校への適応を図る取り組み

5年前の開校以来、横浜吉田中学校の職員は増え続ける外国につながる生徒の多さにとまどいながらも、彼らの課題とそれらを解消、縮小するための対応を考えてきた。実際それは、目の前の生徒たちから一つひとつを学ぶ日々だった。日本語初期指導と教科の個別指導という国際教室の支援を確立し、放課後も地域のボランティア、大学生、留学生団体から協力を得て、生徒に学習機会を保障する

保護者が講師となって中国語の授業

体制を整えた。また教育委員会に働きかけて、スクールカウンセラーは多言語での対応が可能となった。保護者とのコミュニケーションや情報提供の機会を充実させるため、「外国につながる保護者の会」や「親子進路説明会」を行った。いずれも生徒や保護者の切実なニーズから始まったことである。

当初は外国につながる生徒を、学校や日本での生活に適応させるという発想で、そのための環境を整えることに力を注いだ。しかし多様な背景、成育歴、生活環境で育つ彼らが安心して学校生活を送り、生き生きと力を発揮するためには、彼らの適応を促すサポートだけでは不十分だということが、一つのトラブルをきっかけに私たちに突き付けられた。

開校2年目に、中国語コミュニティとそれ以外の生徒とのコミュニケーション不全、日々の些細なすれ違いが大きなトラブルに発展し、集団で暴力に訴えるという事件が起こった。双方の誤解を一つひとつ解く過程は、考え方の文化的な違いが顕著に現れ、複雑に絡み合った糸を解きほぐすかのようだった。同時に彼らに適応を求めるだけのこれまでの支援を、考え直す必要に迫られた。その結果、新たに「多文化共生プログラム」をスタートすることにした。開校3年目のことである。

（3）多文化共生プログラム

1年目（2015年度）の「多文化共生プログラム」は、1年生が11月から2月の総合的な学習の時間に中国語の学習に取り組んだ。中国語を話す生徒はコミュニティを形成し、日本語やそれ以外の言語の生徒とは普段一線を画して生活している。彼らの言語を学ぶことで彼らに歩み寄り理解すること、中国語を話す生徒は、友だちに教える経験を通じて自己有用感を持つことがねらいであった。

横浜市国際交流協会と教育委員会の協力による2時間の事前学習ののち、3回の授業で、中国語の声調、自分の名前の中国語での発音、数と誕生日の言い方、自分の好きなことなどの表現を学ぶプログラムを計画した。講師は保護者に協力を募り、事前に打ち合わせと練習をして臨んだ。言葉の壁があり、通常のPTA活動には躊躇する保護者が多いが、ここでは協力を買って出てくれた。また中国につながる生徒がアシスタント役を務め、手本のデモンストレーションをしたり、友だちに名前の読み方や語彙、発音を教えてくれたりした。アシスタント役の中国につながる生徒からは、「みんなが楽しそうに中国語を勉強していてうれしかった」という感想が聞かれた。母語や母文化が認められる経験は、これまで彼らには十分なかったことなのではないかと感じた。3回目の授業では、全員が中国語で名前や誕生日や好きなことを発表し、自己紹介ができるようになった。

事前学習の際、中国から日本の大学に留学している学生が来てくれた。彼を中国の生徒が囲み中国語で談笑しているところに、日本の生徒数人が状況を理解できずポカンとしている、いつもとは逆の場面が再現された。ある日本の生徒は「授業でみんなが笑っているときに、国際教室の子が意味がわからないとは思わなかった」と感想を書き、彼らの立場に対する気づきを示した。

手探りでスタートした1年目の「多文化共生プログラム」だったが、相互理解の深まり、自分が認められる経験など、生徒の反応に手応えを感じた。他者を共感的に理解すること、自分も他者も尊重され認められること、そこを出発点に個性や立場の違いを超えて多様な人々との共生を目指すというプログラム全体の方向性も見えてきた。

（4）ＤＳＴを用いた多文化共生教育

大学生と絵コンテづくり

「多文化共生プログラム」２年目は、１年生での中国語学習をタガログ語やハングルにも拡大するとともに、２年生で新たにＤＳＴ（デジタル・ストーリー・テリング）を用いた道徳の授業に取り組むことにした。きっかけは横浜国立大学の「国内のグローバル化に伴う外国人の支援と地域的連携の推進」事業（代表・半沢千絵美准教授）の取り組みの一つとして、ＤＳＴの制作を提案されたことだった。ＤＳＴは１９９０年代初頭にアメリカで始まった、２～３分の写真と声で綴られた映像による表現活動で、イギリスでは移民など異なるコミュニティを理解するための手段としても用いられているとのことである。

この活動に国際教室で学ぶ生徒たちが取り組んだ。日頃は意識しない自分の思いを振り返ったり、身近に成長のロールモデルを持たない

保護者を招いて DST 完成上映会

彼らが大学生と交流することをねらいとした。年齢の近い大学生が関係を築き、普段日本語での発話がほとんどない生徒や表現することが苦手な生徒からもエピソードを引き出していた。学習に対して意欲を示したことのない生徒が、大学生に見せるためにお父さんの料理を写真に撮って持ってくるなど、通常の学習場面にはない成長を見ることができた。

生徒の一人は大好きな猫をテーマに作品を作った。その中には中国に置いてきた自分の飼い猫もいて、最後は少女が号泣しているイラストでストーリーを終えた。生徒は「帰りたい」とはあまり言わないが、それぞれの世界から引き剥がされるようにして日本に連れてこられているのことが、改めて感じられる作品だった。いつも思っていることを言語化できない彼らが、作品を形にできたことは大きな進歩だったと思う。「家族」「好きなこと」「小学校の思い出」「晩ごはん」「故郷」などをテーマにした個性豊かな作品が完成した。

2年生の道徳では、完成した作品を鑑賞し、今度は自分自身を振り返って好きなことや大切な思い出を表現し友だちに伝えるという活動に発展させた。宝物はフィリピンにいる自分を育ててくれたおばあちゃん。日本に来るときは友だちも自分も泣いた。夏休みに帰省して懐かしい友だちと毎日家の前の海で遊んだ。いちばん好きなのはお母さんが作った料理……。DSTで素直に語られた一人ひとりの思いは、違いだけでなく自分と同じところもたくさんあるのだと、生徒たちに気づかせたようだった。鑑賞後、彼らは予想以上に真摯に自分を表現した。好きなスポーツやアニメや自分の宝物について書いたものの他に、生《お》い立《た》ちやルーツに触れたものがあった。普段表にはあまり見せないが、DSTに触発されて自分の大切な一部として伝える気持ちになったのだと思った。目に見えない同調圧力の中で生きている中学生が、自分を出せるのは貴重なことだと思う。ストレートな表現でないDSTだからこそ、それを可能にしたのではないかと感じた。

「多文化共生プログラム」3年目となる2017年度も、少しずつ改善を加えながら1、2年生の活動を継続した。道徳の授業を終えた2年生の感想には、「みんなが仲良くな

横浜吉田中の海外出身生徒ら

映像作りで自己表現

横浜国大サポート

日本語に不安も自信つく

自分のことを映像で表現しよう―。来日してから日が浅く日本語に不安のある生徒に、映像作りを通じて自己表現力をアップしてもらう「DSTプロジェクト」が横浜市立横浜吉田中学校（中区）で実施された。担当教諭は「胸に秘めた『言いたいこと』を引き出す効果があった」と手応えを感じている。　（梅野光春）

同中には、本人や親が外国出身などの理由で、日本語指導が必要な生徒が全体の四分の一に当たる約百人いる。普段は日本語になじむまで別の教室で教えるといった工夫をしている。

プロジェクトは、そうした生徒に自信をつけてもらうのが狙い。DSTは「Digital Story Telling（デジタル・ストーリーテリング）」の頭文字で、好きな食べ物や思い出の写真をタブレット端末などに取り込み、写真に合うエピソードを録音して編集する作業を指す。

プロジェクトには二年生十人が参加し、横浜国立大の半沢千絵美准教授（四二）＝日本語教育＝や学生ら計約二十人がサポート。中国語や英語が母国語の留学生も九人おり、生徒との会話をフォローし、先月から今月にかけて週末に三回集まって完成させた。

制作した映像は二分程度。大学生と一緒にストーリーを考え、それに合った写真を探したり、新たに撮影したりした。写真はタブレット端末に取り込み、生徒がナレーションを吹き込んだ。一月に中国福建省から来日した林盛《リンセイ》さん（一四）は「最近あまり連絡を取れないから」と、中国に残る友人の写真で映像を作った。「日本語は苦手。でも大学生と交流でき、楽しかった」と笑顔だった。

こうした反応に半沢准教授は「DSTを通じて生徒が自分を見直し、サポート役の学生と話し合う過程が大事だった」と好感触を得た様子。作業最終日の九日、保護者を呼んで上映すると「こんなに日本語を話せるなんて」とナレーションの出来に感激する母親もいた。「家族に生徒の頑張りが伝わって良かった」と半沢准教授は振り返る。

同中の熊田路代教諭（四七）は「日本語が苦手な生徒は、言葉が通じる範囲のコミュニティーに閉じこもりがち。中学生と仲良くなる機会ができた上、言葉で表せない部分を映像で表現できた。今後も多文化共生を深める取り組みを続けたい」と話した。

㊤大学生らのサポートを受けて映像を制作する中学生㊨　㊦保護者らの前で上映された生徒の作品＝いずれも中区で

東京新聞　2017年12月19日

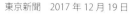

っている」「より距離が近くなった」といったものの他に、「尊重し合う」「認め合う」などの言葉が多く並んだ。特に教員がこれらの語彙を示したわけではないのだが、気づきの機会をつくれば、生徒たちには共感する力があるということを、私たちも学んだ。また生徒の一人は、「まわりの国の文化を知らなくても人は生活していけるけど、まわりの国のことを知ることによって、今までは思いつかなかった意見や考え方が生まれ、これからの人生をもっと豊かにしていける」と書いた。生徒が示した違いが私たちの社会の豊かさにつながるという深い気づきは、認め合い仲よくすることからさらに一歩進んだ多文化共生を進めるモチベーションとなり得る。多様な背景を持つ生徒たちが共に育つことの意義に、生徒も教員も気づくことができるようプログラムを充実させていきたいと考えている。

コラム

富士見中四人組との出会い

田口 靖郎（母語支援ボランティア）

1973年から、タイの首都バンコクに駐在員として4年半勤務しました。タイの人たちを始め、得意先の中国潮洲から移住してきた華僑の人々など、当時多くの方に親切にしていただきました。その恩返しとして、外国の生徒たちの手助けになることができないかと考えていました。仕事を退職した20

１０年からボランティア講座を受講し、みなみラウンジや横浜市立富士見中学校（現 横浜吉田中学校）で活動を始めました。

富士見中で初めて学習支援をした日、国際教室で待っていると、終業のチャイムと同時にたくさんの生徒が我先に教室へ飛び込んで来ました。挨拶もそこそこに教科書をおさらいすると、部活動へと散っていく姿は意外でした。私は2年生の女生徒二人を担当することになりました。二人とも素直で真面目な子たちでした。

生徒たちとは、勉強の前にまず信頼関係を築く努力をしました。「わかりましたか?」ではなく、「何かわからないことはありますか?」と問いかけ、理解するまで説明しました。また正解したら必ず褒めるように心がけました。夏休みには他の二人の生徒ともみなみラウンジで週数回の勉強会をしました。頑張ったときには近くのハンバーガーショップで一緒に昼食をとり、勉強だけではないお互いの心の交流に気を配りました。

また、台風や地震などの情報や、事件、事故など様々な危機管理情報を彼女たちに伝えました。私が初めてタイに駐在した年の10月、学生の反政府運動に軍が発砲するという事件が起きました。このとき現地の方が「一週間分の食料を買い家から出るな」と教えてくれたのです。当時まだタイ語がよくわからずテレビもなかったので、首都がそのような危険な状況になっているとは知りませんでした。この情報には今でも感謝しています。このときの体験から、何か危険があるときはテレビや新聞などの情報に疎い彼女たちに、すぐに連絡するようにしているのです。

当初2人でスタートした学習支援でしたが、のちに夏休みの学習会に参加した2人も加わり、4人で勉強するようになりました。この仲間たちを私は「富士見中４人組」と名づけ、横浜吉田中に統合した後も支援を続けました。

4人組の生徒たちとは高校に進学した後も、ラウンジで勉強したり進路についてアドバイスしたりと交流を続けてきました。今彼女たちはそれぞれの道を模索しているところです。一人は専門学校に進学し現在就職活動中、美大に進学した子、就職後も資格を取ろうと勉強している子……。みんな元気で、年に数回食事をしています。最近は「先生、バイトの給料日だったからご馳走するよ」とうれしい誘いをしてくれるようになりました。

私はこのすばらしい生徒たちと出会い、今「ボランティアの幸福感」を味わっています。課題は様々あるかもしれませんが、生徒たちは間違いなく成長していますし、目を見張るものを持っています。これからも彼女たちの成長を見守り続けたい、と願っています。

3　今後の課題

金澤 眞澄、熊田 路代

編入する生徒の多くは日本で働く親に呼び寄せられて、日本の学校制度や進路の知識を持たず、将来への十分な見通しがないまま入学してくる。大人の都合で言葉も習慣も求められる学力も、母国とは全く異なる環境での生活を強いられるため、概して学習意欲は低い。また幼いころから親と離れて暮らし、思春期になって初めて一緒に生活するため、どう接していいかわからず家庭に居場所を見出せないという生徒も少なくない。日本国籍の生徒が、母親の生活の手段としての移住を余儀なくされるケースも目立ってきた。学校で様々な困難に直面し、家庭でも安心を得られない生徒が多いと感じる。生徒たちを取り巻く環境は厳しい。

編入生徒が増加を続ける一方で、外国につながる生徒のうち53％を占める日本生まれや就学前に来日した生徒は、来たばかりの生徒とは異なる課題を持つ。幼いころから二つの言語、異なる習慣や価値観といった文化間の移動を繰り返してきた彼らの言語発達は、一様ではない。日本での生活が長く、日常的な生活言語には不自由していないが、家庭の言語環境や就学前の語彙習得の不足により、学習に課題を抱える生徒は多い。ただし、日常生活に不便がないため、見過ごされやすい。母語でも日本語でも、抽象的なことを理解したり、言葉で整理したり、思考を深めたりすることができない、どちらの言語も年齢相当のレベルに育っていないということは、生徒の生涯の問題になるおそれのある深刻な課題だと感じる。さらに母文化とのつながりが希薄なためにアイデンティティが揺れ動いていること、生徒は母語を失い、日本語を習得する中で、親子間の言葉の溝が徐々に広がり、コミュニケーションが深まらないことなども、滞日期間が長い生徒の課題と言える。しかし、こういった課題は外からは見えにくく、当事者も意識していないことが多いため、具体的な支援につなげることはなかなか難しい（図表２－９）。

編入時の面接では、ほとんどの家族が将来帰国する意思はなく、日本で生活していくことを望んでいる。家を購入したり、日本国籍を取得したりするなど、定住傾向は進んでいるようだ。滞在の長期化に伴い、新たな課題が生じるため、求められる支援は今後ますます多様化していくと思われる。

横浜吉田中学校の外国につながる生徒たちの現状を考えるとき、最大の懸念は中国語コミュニティの存在ではないかと思う。彼らはとても強力なネットワークを持っていて、しばしば学校の指導よりも仲間内の耳寄りな情報を重視する。学校も様々な形での情報発信を試みているが、必要な人にほど届きにくいと感じる。

３年前は中国語コミュニティとそれ以外の生徒のトラブルが問題となったが、彼らがもはやマイノリティではない現在、生徒指導の多くは中国人同士のトラブルに関わる問題である。当事者が中国人同士の場合、生徒、そして保護者が学校を飛び越して、彼らのやり方で解決を図るという問題が起こりつつある。日本の学校で彼らが何を学び、何を身につけるのか、学校の果たすべき役割を問い直さないわけにはいかないだろう。

一方で力強い希望も見え始めている。卒業した生徒が地域の外国ルーツの若者代表として成長し、発信を始めたのだ。なか国際交流ラウンジ（２３２ページ参照）が彼らの

図表 2-9　2、3 年生の来日時期（2016 年度）

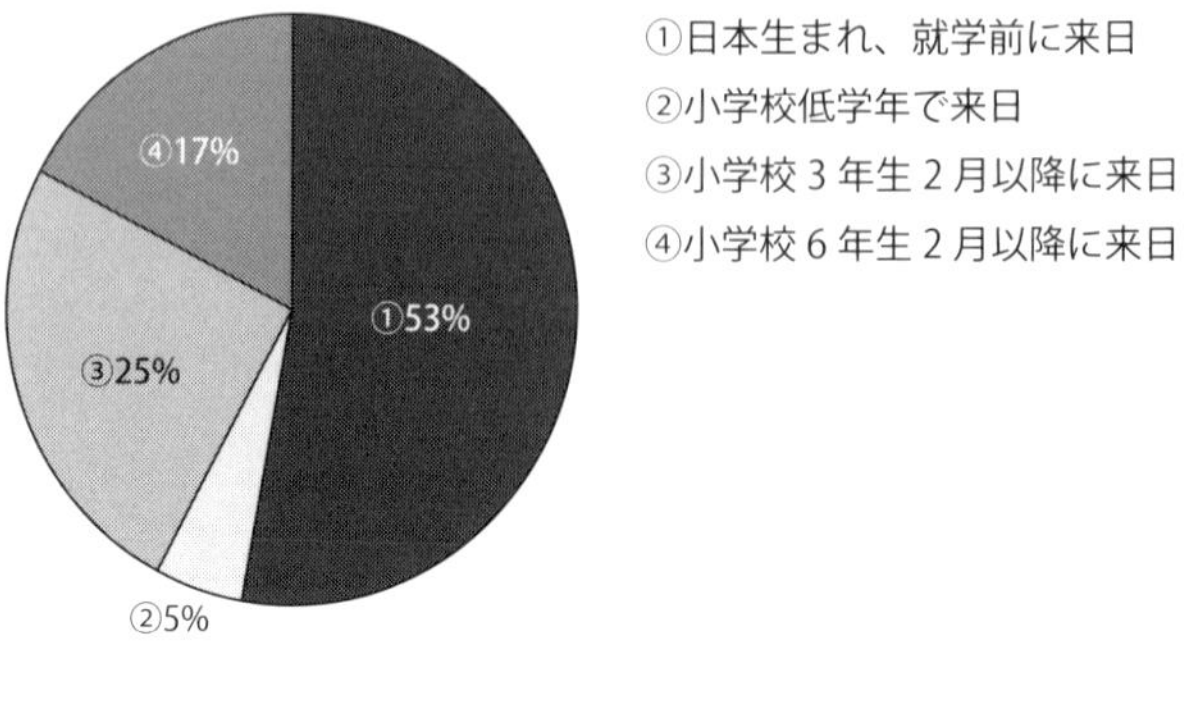

大きな支えとなっている。中学生のときにラウンジの学習支援教室で支援を受けた生徒たちが、高校進学後も悩みを相談したり、仲間とつながったりする居場所として通い、自分たちの力で外国につながる若者の社会的自立を目指すプロジェクト、「にじいろ探検隊」を立ち上げた。成長する生徒たちと伴走するように地道に彼らを支えることは、３年間という期限のある中学校にはできないことと敬意を覚える。高校生、大学生となった彼らは、自分がボランティアや友だちなど多くの人たちに支えられてきたこと、来日して間もないころの気持ちや後悔、それを乗り越えて今があることを冷静に見つめ、今度は自分が誰かを支えたいという思いを持つに至ったと言う。その成長ぶりに目を見張ると同時に、今目の前にいる生徒も同じ可能性を持っているのだと思う。

文化祭の練習風景

言葉、生活習慣、価値観、将来への見通し……、確かに違いはたくさんあるが、同じ中学生、同じところもたくさんあるから大丈夫という確信も、いつしか職員の中に芽生えていた。生徒たちからの日々の学びは、職員の意識も変化させている。

合唱祭では外国につながる生徒も指揮や伴奏をし、文化祭のクラス劇では中国語や英語を話す役が当たり前に登場する。以前の文化祭では、真剣に取り組まず日本語も話せない彼らは裏方専門という空気だった。行事で外国につながる生徒も活躍できる機会をつくるという職員の意識の変化は生徒にも波及し、文化祭の舞台に立った中国人生徒の見事なダンスには、そこにいた全員が熱く盛り上がった。学校の空気は変わりつつある。

横浜吉田中学校の多文化共生を目指した学校づくりは、まだスタートしたばかりだが、ここで共に学び多くの経験を共有した彼らが将来、共に地域社会を支える存在となる。このことを念頭に、試行錯誤を続けていくつもりだ。

コラム

横浜市における夜間学級について

鈴木洋一（前 横浜市立蒔田中学校夜間学級管理者）

横浜市の夜間学級は、1950年度に経済的理由などにより就学困難な生徒が、義務教育を修了できるようにするため、市内中学校10校に設置されました。1950年代後半になると、生徒数の減少により、閉鎖される学級が増え、1967年度に鶴見中学校、浦島丘中学校、西中学校、蒔田中学校、平楽中学校の5校となりました。そして、2014年度、5校の夜間学級が統合され、蒔田中学校1校となり、現在に至っています。

蒔田中学校夜間学級では、2014年度より新たに管理者1名、専任教諭3名、養護教諭1名、非常勤講師9教科各1名計9名、学習サポーター2名が配置されました。外国籍生徒に対し、きめ細かな日本語指導を展開できるようになり、日本語習得への意欲と学習速度が高まりました。その結果、各教科の学習の促進につながったり、生徒間でのコミュニケーションが活発になったりしてきました。また、学習支援サポーターの英語や中国語などでの学習支援により、学習が深まるとともに、生徒が安心して学校生活を送ることにもつながりました。

２０１７年度の在籍生徒数、国籍、年齢層は次のとおりです。生徒数は1年15人、２年12人、３年２人の計29人でした。国籍は、ネパール15人、日本５人、中国２人、フィリピン２人、台湾１人、韓国１人、タイ１人、パキスタン１人、バングラデシュ１人です。年齢層は、15歳２人、16歳９人、17歳４人、18歳５人、19歳２人、20歳１人、25歳１人、33歳１人、48歳１人、63歳１人、64歳１人、72歳１人です。ちなみに、卒業後の進路は県内の高校が多くなっています。

夜間学級には年齢、国籍、就学年数が異なる生徒が集まる傾向があります。そのほとんどが日本語を母語としないという現状があります。そのため、入級後は、各教科の学習目標に加え、日本語の習得が課題となります。生徒一人ひとりに適した日本語教材、及び各教科の教材や指導方法を検討し、夜間学級における効果的な学習方法を研究してきました。

外国籍生徒への日本語指導は、課題別学習の時間に行っています。初歩の日本語指導、初級の日本語指導、中上級の日本語指導の三つのグループに分け、指導しています。初歩の日本語指導のクラスは来日間もない生徒、初級のクラスは来日から1年以内の生徒、中上級のクラスは来日から1年以上が過ぎた生徒が学習しています。

外国籍生徒への教科指導は、生徒一人ひとりに応じた学習ドリルを活用し、学力の向上を目指しています。横浜商業高校の日本語教室を活用し、日本語指導を行い、教科指導に生かしています。また、学習支援サポーター（英語、中国語）の支援を受けながら、外国籍生徒の日本語力のレベルに合わせた指導方法を研究しています。

夜間学級独自の行事として、球技大会、ウォーキング教室、遠足、芸術鑑賞教室、社会科見学があり、学校生活に幅が広がり、楽しみも生み出しています。また、遠足や社会科見学は、班別に行動することにより、小集団での行動や公共施設のマナー、日本の文化や習慣を学ぶ機会となっています。

２０１６、２０１７年度の花ノ木祭（蒔田中学校文化祭）では、夜間学級の生徒がステージでダンスを発表しました。２０１６年度はフィリピンの生徒が、２０１７年度はネパールの生徒が民族伝統の踊りを披露し、大いに盛り上がりました。２０１７年度の体育祭でも、夜間学級の生徒が参加し、共に同じ競技に参加しました。花ノ木祭、体育祭共に良き交流の場となりました。また、生徒作品の展示、合唱コンクールへの参加など、交流する場面が増えてきました。今後もこのような場を増やしていきたいと思います。

第5章　国際教室担当教員のネットワーク

横溝　亮（横浜市立並木第一小学校国際教室担当）

1　横浜市国際教室担当教員の状況

私が国際教室担当者になったのは、２０１４年、横浜市立並木第一小学校に赴任した時からである。本校には以前から国際教室が設置されており、校務分掌にも国際教室担当者がしっかりと明記されていた。また、私自身も２００１年より横浜市立いちょう小学校において外国につながる児童への日本語支援に関わっていたので、国際教室の運営についてはある程度理解はしていた。しかし、実際に担当となり運営をしていくと、外国につながる児童の把握、調査書類の作成、担任や地域ボランティアとの連携等、初めての業務に追われる日々であった。

横浜市では、「日本語指導が必要な児童生徒」が5名以上、20名以下の学校では、校内で国際教室担当の業務を行うのは1人であり、前任者がいない場合は、孤軍奮闘の状況にある（横浜市では多くの学校が担当者一人校である）。また、日本語指導が必要な児童生徒が5名を下回った場合は、国際教室が閉鎖されることから、国際教室そのものが常に不安定な状況にある。

横浜市の国際教室担当者が国際教室の運営や日本語指導等に関する情報を手に入れ、他校の担当者と情報交換をすることができるのが、年間に複数回行われる市教育委員会国際教育課主催の「国際教室担当者連絡会・研修会」（1992年度より実施）である。この研修では、国際教室の運営から日本語・教科指導まで幅広く学ぶことができ、初担当者にとっては、貴重な学びの機会となっている。また、月に1回程度ではあるが、市教育委員会主催の「日本語指導養成講座」（2010年度より実施）が開催され、多くの担当者（国際教室初担当者は必修）が集い、日本語指導について学ぶとともに情報交換の機会も得てきている。

2 「国際教室ネットワーク勉強会」の立ち上げ

横浜市では上述のように「国際教室担当者会」と「日本語指導者養成講座」が行われてきているが、研修回数や研修時間などの問題もあり、担当者同士が十分なつながりをつくることができず、授業に関する具体的な内容や方法等を相談したり、国際教室の運営に関する情報を交換したりすることが難しい状況にあった。

2014年10月、国際教室担当者によるグループ研修において、校内での連携の在り方等についての情報交換を行った際、ある担当者が「校内であまりうまく連携ができません」と涙ながらに訴えた。その担当者は教員としての経験も浅く、校内で半年間孤軍奮闘する中、担当者として自分のできることとは何だろうと毎日考え、悩んでいたのであった。その後、多くの担当者から校内での連携や指導の在り方等について迷い、悩んでいることが次々と語られていった。このできごとをきっかけに、２０１４年11月に国際教室担当者有志で「横浜市国際教室ネットワーク勉強会」を立ち上げることになったのである。

この勉強会を立ち上げるにあたっては、市教育委員会国際教育課指導主事や外国につながる児童が多く在籍する小学校の校長、東京学芸大学教職大学院の服部信雄特命教授と、どのような場を、どのようにつくっていくことが必要なのかの検討を重ねた。その結果、国際教室担当者が抱える悩みや問題等を共有し、具体的に解決する場をつくること、そして、個々のスキルアップにつながるような学び合いの場をつくることを目指すことになった。

コラム

担当者のつながりを大切に

小泉 幸枝（前 南吉田小学校教諭
現 横浜市立幸ヶ谷小学校教諭）

私が「国際教室ネットワーク勉強会」の存在を知ったのは、２０１４年、国際教室担当になって半年ほど経ったころでした。当時勤務していた南吉田小学校には、外国につながる児童が全校児童の半数以上いました。そして、毎年海外からの転入生が50人前後来日・編入してくるため、国際教室担当が５人いても、児童への日本語指導が追いつかない状況でした。初担当者として毎月「日本語指導者養成講座」に参加していく中で、国際教室運営の楽しさを実感した一方、自校の国際教室運営が特別であることに気付き、他校の運営方法も知りたいと思い、「国際教室ネットワーク勉強会」（以下、勉強会）に参加しました。

勉強会では、国際教室の運営方法や日本語指導・教科指導について教えていただきました。その中で私がいちばん印象に残っているのは、校内授業研究会に向けての指導案の検討です。校内では担任の先生方との検討だったので、授業の流れは教えていただけたものの、自分の中であまり納得できる検討ができませんでした。勉強会での検討では、言葉の選び方や発言内容など、「これを知りたかった！」ということをたくさん教えていただき、大きく指導案を修正することができました。

また、同じ立場の方々と国際教室の運営等について語り合えたことで、自分の志気を高めることができました。私は勉強会に参加することで、同じような熱量を持った方々と話すことのできる時間が非常に有意義に感じられ、毎回時間ぎりぎりまでお話をしていたことを覚えています。「国際教室担当者会」や「日本語指導者養成講座」と異なり、放課後に時間をつくり、有志が集まる勉強会だからこそ、より真剣に熱い話ができたのではないかと思っています。

２０１７年に、国際教室担当からは離れてしまいましたが、今後また国際教室担当として務めたいと今も思えるのは、当時の勉強会の存在があったからです。今、国際教室担当者の数も増え、担当者同士のつながりも以前に比べて増えているのではないかと思います。この勉強会のような担当者同士のつながりがさらに発展していくことを期待します。

３　２０１５年度の取り組み

２０１５年度の勉強会は、市教育委員会南部学校教育事務所「授業改善支援センター『ハマ・アップ』」を会場にして勤務時間外に実施した。

２０１５年度の取り組みは、以下のとおりである（図表２-10）。

勉強会には、毎回10名程度の担当者が集まり、専門性、指導力を高めるための勉強をしたり、日々の課題について情報交換を行ったりした。参加者からは「今日の勉強会は初めて知ることばかりだった。次は○○について知りたい」「他校の情報が聞けて良かった。明日から実践してみたい」「少人数で研修することで、情報交換が密にでき、日常的なつながりができた」等の振り返りがあった。また、服部特命教授に学校運営の視点からの指導もいただき、自校の国際教室を運営する視点と学校全体の中で国際教室を捉える視点を得ることで、国際教室担当者としての専門性を高めることができた。

２０１６年度も引き続き、勤務時間外に有志が集い学び合う「勉強会」を実施した。

図表 2-10　ネットワーク勉強会の研修内容（2015 年度）

開催月	内容
5月	日本語指導の方法、個別の指導計画の書き方
7月	日本語指導についてワークショップ
9月	国際教室一斉授業研に向けての授業内容検討（日本語指導）
11月	国際教室一斉授業研に向けての授業内容検討（国語）
1月	ＪＳＬカリキュラムを用いた授業づくり
3月	今年度のまとめ、各学校の成果と課題

コラム

勉強会に参加する思い

大嵜　整子（前　横浜市立野庭すずかけ小学校教諭
現　横浜市立日枝小学校教諭）

２０１４年度、野庭すずかけ小学校で初めて国際教室担当者になったとき、私は何をどんなふうに指導・支援するのだろうととても不安でした。

４月新年度が始まり、学年担任以外は、１年生の支援に入りました。４月下旬から、国際教室での指導を始めてはみたものの、日本語指導は全く未経験でした。国際教室に通う児童たち15人の中で２人を除いては、日本で生まれ育っている児童たちでした。全員に対し、とにかく国語中心に補習をしていきました。日本語が話せない２人については、母語支援の先生に助けていただき、「取り出し」の指導を始めました。母語支援の先生２人は、２０１３年度から本校に来てくださっている方々でした。子どもたちも同じ先生と学習することができ、安心して国際教室に来ることができたようでした。私は、それぞれの時間に中国語で会話するところを見て、その子たちの様子を観察することができました。でも、これからその子たちに必要な支援は何だろうと不安がありました。また、国際教室担当者の研修で言われる「一人ひとりの実態に合った支援が基本」というのはわかるのですが、毎日の支援がこれで良いのだろうかと自問自答する日々でした。

７月に入り、並木第一小学校の国際教室での授業研究会がありました。横溝先生の授業は、在籍学級と同じ内容を学習する「取り出し」の授業でした。横溝先生の授業を観させていただき、今まで自分は何をしていたのだろうかとショックを禁じ得ませんでした。私の指導は音読できるかを確かめたり、テストやドリルの直しをしたり、遅れている作文を書いたりの繰り返しでした。もっと、担任と連携し、その子にとって必要なことを考えること、また、その子が不安を感じないようにすることが大事なのだと気付かされました。

授業研究会を終えて、すぐに担任との連携が図れるようになったわけではありませんが、私の意識は変わりました。児童の実態に応じて何をやるべきか考えること、学級での学習に準じることを大事にしていこうと思えるようになりました。国際教室担当４年目にしても、まだまだ経験不足や知識不足を感じています。これからも学んでいきたいと思っています。

４　２０１７年度の取り組み

２０１７年度、国際教室担当者のグループ研修の形態が大きく変わることになった。具体的には、各グループのリーダーを中心としてグループ別に研修を実施することができるようになった。私はこれまで勤務時間外に設定し、夜間に実施していた勉強会に代わるものとして、グループの研修を勤務時間内に行いたいという思いがあった。

２０１７年度、Ｅグループ（私がリーダーとなったグループ）のメンバーは12名で、初担当者は８名であった。また、年度の途中で変更になることが決まっている担当者もいた。まずは、担当者のネットワークをつくること、早い段階で国際教室の運営についてグループで情報を共有することを目標に、以下のように研修を計画・実施した（図表２－11）。

２０１７年度のグループ研修については、参加者から以下のような「振返り」があった。

・並木第一小学校の国際教室を見て、教室環境づくりに役立てることができた。研修では指導の方法だけでなく、情報共有もでき国際教室運営に役立てることができた。

・運営方法、指導方法とわからないことばかりだったので、毎回の研修でいろいろな情報を得ることができた。

・どの会もとても勉強になることが多く、充実した研修だった。特に情報交換ができ、必要な情報を得ることができ、有意義な時間だった。

・今年度に国際教室を新設したので、教室づくりから、教科の指導方法などの情報を得ることができた。

これらの「振り返り」からも多くの担当者が今年度の研修を自校の国際教室の運営に役立てていたことがわかるが、グループという限られたメンバー

図表 2-11　E グループ研修内容

開催月	内容
4月	国際教室運営について
6月	授業研究会ＪＳＬカリキュラムを学ぶ授業研究会
10月	リライト教材について、横浜市一斉授業研究会の指導案検討
12月	横浜市一斉授業研究会
1月	ＤＬＡ研修、今年度のまとめと引継ぎ

だけの研修であったことは、次年度につなぐ課題であった。

また、次年度以降の研修で学びたい内容として挙げられている「学年の学習時期に合った指導計画の作成と指導の実際」「サバイバル日本語の指導の実際」「ＤＬＡ[*1]の活用について」「来日して年数の経っている児童への日本語の指導方法」等からも国際教室担当者の専門性、指導力を高めるための研修内容・方法等に関する課題も見えてきた。

５　今後の課題

２０１８年度の国際教室担当者の研修が始まった。今年度は「日本語指導者養成講座」、「授業研究会」についても、国際教室担当者に任せられる部分が多くなり、担当者同士がつながる機会も増えた。第１回目の「日本語指導者養成講座」では、服部信雄東京学芸大学教職大学院特命教授を講師に招き、「繋がる！繋げる！『国際教室』からの発信」をテーマに70名を超える初担当者たちが学び合った。今回は、講義の中に国際教室担当者からの発信の場面がつくられ、国際教室を複数年経験した担当者が「小学校の国際教室運営」、「小学校の日本語・教科指導」、「中学校の国際教室の運営と指導」の3点から話をし、また2年目の担当者が自身の経験を語った。今年度始まった国際教室を複数年経験した担当者たちの発信に対しては、大きくうなずき、共感しながら聞き入る初担当者たちの姿を見ることができ、第1回養成講座としての手ごたえを強く感じることができた。今後は、今年度の取り組み・実践を各校の国際教室運営の充実と担当者の指導力向上、すなわち担当者の専門性の向上につなげていきたいと考えている。国際教室担当者が国際教室の運営や日本語・教科指導に関する情報を手軽に得られるようにするためには、研修の回数を増やすだけではなく、国際教室担当者通信を発行したり、ホームページを活用したりして、情報を積極的に発信していく必要がある。また、国際教室新設校の担当者たちが教室環境づくり、日本語指導、教科指導の方法について情報を共有できる仕組みづくりも考えていきたい。具体的には、２０１７年度に開設された「日本語支援拠点施設『ひまわり』」を国際教育課と連携・協働して活用していくことを考えていきたい。

現在横浜市では、「日本語指導が必要な児童生徒」が5名以下の場合は、前年度国際教室があった場合でも、国際教室が設置されない状況にあり、児童にとっても担当者にとっても不安定な状況にある。また、担当者が1年、2年で交代するため、担当者の専門性を十分に高めることができない状況もみられる。

「日本語指導が必要な児童生徒」が5名未満でも国際担当者を配置することで、いつでも「日本語指導が必要な児童生徒」に対応でき、さらに担当者の専門性を高めることができると考える。同時に、国際教室担当者が他校へ異動をする際、異動先で今までの経験を生かすことができるような仕組みも必要であると考える。

国際教室担当者が抱える悩みは、毎年同じような内容が挙がっている。少しずつでも課題を解決し、担当者同士のさらなる連携が進む仕組みをつくり、国際教室の指導が充実することを望んでいる。

❖注

＊１　「外国人児童生徒のためのＪＳＬ対話型アセスメント（ＤＬＡ）」（文部科学省、２０１４）。学校において児童生徒の日本語の能力を把握し、その後の指導方針を検討する際の参考とするための日本語力測定方法。

第３部

学校と地域の連携

―多様な団体の取り組み―

第1章　横浜市国際交流協会

公益財団法人横浜市国際交流協会（愛称「ＹＯＫＥ」。以下ＹＯＫＥ）は、横浜市の外郭団体の一つであり、総務省認定の地域国際化協会でもある。１９８１年７月に任意団体横浜市海外交流協会として設立された。設立当初はアジア地域を中心とした海外との交流事業が中心であったが、市民の国際交流や海外渡航が活発になったことや、在住外国人の増加などに伴い、次第に横浜市内で活動している様々な機関・団体と連携しながら多文化共生を進める事業に軸足を移し、現在に至っている。

活動の拠点は、西区みなとみらい地区にある事務所のほか、地域の国際交流・多文化共生の拠点である国際交流ラウンジを、外国人集住地域の鶴見区・南区・中区の３区において各区役所から受託・運営している。また、外国人留学生等の宿舎と地域交流の機能を兼ね備える、横浜市国際学生会館（鶴見区）の指定管理者として管理運営を行っている。

２０１４～２０１７年度ＹＯＫＥ中期計画の副題は「日本人と外国人がともに力を発揮できる多文化共生の横浜を目指して」である。少子化とグローバル化が同時に進展する時代にあって、横浜市においても、未来を担う人づくりが大きなテーマとなっている。

ＹＯＫＥミッションステートメント「私たちは、国際都市横浜の歴史的・文化的特性を継承しつつ、異なる文化や価値観をともに認め、尊重し合える豊かな社会づくりを目指します」の実現に向け、地域の活性化に日本人も外国人もともに力を発揮していこうという発想に基づいた取り組みを重要な視点としつつ、「多文化共生のまちづくり」「人材の育成・市民活動の支援」「国際協力の推進」の三つの側面から、事業に取り組んでいる。

２０１７年、横浜市の外国人人口がはじめて９万人を突破した。今や市民の約40人に１人が外国人である。こうした外国人人口の増加はここ数年特に顕著で、毎年約５０００人のペースで増加しているので、10万人を超えるのも時間の問題である。

横浜市では日本語指導が必要な児童生徒数も急増している。２０１３年頃までは１２００人から１３００人程度で推移していたが、その後は増加の一途をたどり、２０１７年には２０００人を超えた。以下、学校と連携した多文化共生の取り組みを紹介していく。ただし、横浜市が多文化共生の地域拠点として力を入れている国際交流ラウンジでの取り組みは、次章に譲る。

１　多言語相談窓口と学校通訳ボランティア

松田　知佳（多文化共生推進課職員）　布施　裕子（多文化共生推進課シニアコーディネーター）

ＹＯＫＥが運営する多言語相談窓口「ＹＯＫＥ情報・相談コーナー」は、月～金曜日及び第２・４土曜日に英語・中国語・スペイン語での相談に対応している。２０１６年度の相談件数は６１０５件、そのうち「教育」に関する相談は２７０件となっている。「多言語相談」には、保護者からのみならず、学校側からもコミュニケーションの橋渡しの要望が寄せられる。

事例1）「小学2年生の娘が帰宅して、級友の消しゴムを盗んだことを打ち明けた。担任の先生は全員に消しゴムの行方を聞いたが、知らないと言った。盗んだのは娘だということ、娘が言い出せなかったこと、親としてショックを受けていることを先生に伝えてほしい」

事例2）「家族で在留資格更新申請をしたが、不許可となった。せめて高校在学中の子だけは在留させてほしいと入管に問い合わせたところ、定時制から全日制に編入できれば「留学」として在留資格が得られるという。高校の担任に相談したい」

相談内容は様々であるが、〝ちょっとした連絡〟ができないことの積み重ねが、保護者の学校や子どもの教育への距離を広げてしまう。また、事例2のような深刻なケースでは、外国人の置かれている状況への理解とYOKEのネットワークでサポートしながら、子どもの利益を最優先に学校と連携し対応を行っている。

一方、YOKEでは2006年より、横浜市教育委員会の委託を受け、横浜市内の小中学校を対象とした、通訳ボランティア派遣事業を実施している。この制度ではYOKEと市内7か所の国際交流ラウンジが窓口となり学校からの依頼を受け、個人面談、家庭訪問、各種説明会などに通訳ボランティアを派遣し、日本語の不自由な保護者と学校間のコミュニケーション支援を行っている。

派遣数は年々増加傾向にあり、2016年度は1222件の派遣を行った。言語別では中国語が最多で641件、続いてタガログ語116件、ベトナム語112件となっている。登録をしている通訳ボランティアは約６５０名で、その内の80％の登録者が女性と言うことから、子育て経験などを活かした活動をしているケースが多いと思われる。通訳ボランティアの派遣は１回２時間以内で、派遣される通訳ボランティアには１回当たり１８００円が交通費として支給される。

派遣する主な内容は夏休みや冬休みなど長期の休みの前の個人面談、中学校３年生の進学に関する進路面談、就学旅行や宿泊学習などの行事の説明会で、いずれも学校が保護者に子どもの学校生活に関わる大切な内容を伝える場面である。

日本の教育制度に馴染みのない外国人の保護者と学校との通訳を行うためには、単に言葉を訳す能力だけではなく、その保護者の母国での文化的背景の理解があることが求められる。例えば、一定の成績が取れていないと小学校でも落第制度のある国の保護者は、日本の学校で子どもが順調に進級していっている状況から、問題なく勉強についていっていると思っていたところ、中学３年生の進学を決める時になって初めて、受験するための学力が十分でないことに気付かされるというケースもある。

学校で子どもが置かれている状況を的確に保護者に伝えると同時に、学校から発信される様々な情報を正確に保護者に伝えることが、子どもが豊かな学校生活を送るために不可欠なことから、通訳ボランティアの担う役割はたいへん重要なものとなっている。殊に進路面談では受験に関する用語や手続きをそのまま通訳するのではなく、保護者がその内容を十分理解できるための配慮をしたうえで伝えていくことが極めて大切である。

実際に通訳ボランティアを派遣した際に学校から提出された報告書によると「ロシアの文化をふまえながら、日本での学校生活について説明してくれたため、とてもスムーズに会話が進みました」「通訳していただけることで誤解なく伝えられ、保護者と担任、子どもの良い関係につながります」

などの意見があり、通訳ボランティアの担う役割が、学校と保護者の距離を縮めていることがうかがえる。YOKEや地域の国際交流ラウンジが学校との連携を密にし、言葉の壁を取り除く取り組みを継続的に実施することが、学校現場での多文化共生につながると考えている。

2 多言語情報発信

由田 弘美（多文化共生推進課職員）

多言語情報発信『よこはまyokohama』は、横浜市や市の外郭団体、公共施設、市内の国際交流ラウンジで開催する講座やイベント及び在住外国人の生活に利便性がある情報を9言語（英語、中国語簡体字、中国語繁体字、ハングル、スペイン語、ポルトガル語、インドネシア語、ベトナム語、やさしい日本語）でA4判約3ページにまとめて発信している。

1976年に『よこはまyokohama』英語版の前身である横浜の英文情報誌『yokohama echo』が創刊、様々な理由による在住外国人数が増えてくる中、多言語による行政情報、生活情報提供が十分にできていないことを理由に、1998年9月に中国語版、ハングル版、スペイン語版、ポルトガル語版、1999年12月にインドネシア語版、2000年4月にベトナム語版、2001年7月にやさしい日本語版が創刊された。発行形態は、2009年度まではA4判4ページで印刷発行されていたが、2010年度以降はウェブ発信となっている。

翻訳編集は、その言語を母語とする国の出身者や各言語とその文化背景に詳しい日本人によるボランティア活動として行われており、各言語を母語とする外国人の背景に考慮した情報選択や、日本の制度と文化背景を十分に知らない外国人に配慮した原稿づくりと翻訳は、「よこはまyokohama」の特筆すべき点であると言える。具体的な例として、ポルトガル語版では最初にイベント情報を掲載することでポルトガル語圏出身者にまず興味を持ってもらい、次項以降で行政情報や生活情報を掲載している。中国語版では、中国語圏出身者が行政情報に関心が高い理由から、行政情報をいちばんはじめに紹介する方法で編集が行われている。また、簡潔な書き方や行間を広くする等読み手が疲弊感を感じにくい編集を心掛けている言語もある。

横浜市立小学校及び中学校内に設置されている国際教室では、『よこはまyokohama』を毎月印刷し、児童生徒を通して保護者へ情報を伝える取り組みを行っている教室もある。行政情報や生活情報を母語で得る機会がない、どのように得られるかわからない外国人保護者にとって定期的に情報を入手できることや母語で情報を得ることが生活をしていく中での安心につながるとともに、学校を通した配布は必要な情報が確実に外国人保護者へ伝わることも期待ができる。

以下、多言語情報発信の中で、現在、横浜市が特に力をいれている「やさしい日本語」の活用について詳述する。横浜市では、２０１０年度に「横浜市多言語広報指針」を定め、その中で外国人への情報発信は、英語、中国語簡体字、中国語繁体字、スペイン語、ポルトガル語の５言語の他に「やさしい日本語」で行うこととしている。その後、横浜市は２０１３年度から「やさしい日本語」の基準作成等の取り組みを始め、庁内で「やさしい日本語」を活用する動きが始まった。ＹＯＫＥは、横浜市が行う行政用語の「やさしい日本語」書き換えワーキンググループや、職員を対象とした研修会に外国人ボランティアと協力する他、ＹＯＫＥ独自の取り組みとして、市民を対象とした「やさしい日本語」の周知と活用を行っている。

その一つとして、２０１５年度に「やさしい日本語活用のための研修会」、２０１６年度に「やさしい日本語フォローアップ研修会」を開催した。対象者を、業務や活動で外国人と接する機会がある人としたところ、２０１５年度は参加者全45名中10名、２０１６年度は参加者全24名中４名の横浜市立小学校または中学校国際教室を担当している教職員の参加があった。

事前のアンケートでは、「母語を使ってても理解してもらえない言葉をどのように伝えるか悩む時がある、外国の方と日本語でのコミュニケーションを学び、『やさしい日本語』を仕事で生かしたい」「初めて国際教室担当者になり、中国とパキスタンから来日して間もない子どもたちを担当している。日本語だけでなく、日本文化をどのように伝えていったら良いのか、考えている」「日頃学校のプリントをやさしい日本語版に変えて作成しているが、伝わりきらないことも多く、難しさを感じている」といった教職員からの課題が寄せられた。

研修会では、「やさしい日本語」とは何か、「やさしい日本語」を書くコツ、「やさしい日本語」で話すコツについて有識者や実際に活用している団体等からのアドバイスを聞き、ワークショップでは、参加者が伝えたい情報を「やさしい日本語」で書き、外国人と組んで「やさしい日本語」で話すことを体験した。終了後の感想では、「やさしい日本語」で伝える文例集は各学校や関係機関に配っても良いと思う、保護者面談や子どもへの指示出しにたいへん有効と思われる、文章の作り方等もポイントでわかりやすく教えてもらい、すぐに役立てられそうだという声が聞かれた。

外国につながる子どもたちのルーツは多岐にわたり、全ての言語での対応が難しい中、教育現場において、やさしい日本語を活用したコミュニケーションや情報提供はその役割が大きく期待されていることがわかった。

３　日本語・学習支援

藤井　美香（多文化共生推進課シニアコーディネーター）

外国につながる子ども支援で欠かせないのが、地域のボランティアによる学習支援教室である。横浜市内の学習支援教室等の数は「日本語・学習支援教室データベース（横浜）」（ＹＯＫＥ作成）上では29で、大人対象で子どもも参加可能な教室に対象を広げると47にもなる。ここでは、地域の教室と学校や保護者がつながろうとする例、また、ＹＯＫＥの事業がきっかけでつながりができた例を紹介したい。

学習支援教室（以下、「教室」という）でよく聞かれる課題は、「学校や保護者との関わりを持ちづらく、子どもの学校や家庭での様子がわからないこと」ということだ。子どもの情報が乏しく、自分たちの活動が本当に本人のためになっているのか、もっと適切な支援の方法があるのではないかと考えているようだ。

悩むだけでなく、教室が学校にアプローチすることもある。ある教室では、教室の活動紹介を学校に送るほか、子どもを通じて教員に手紙を出す、教室主催のイベントの招待状を送る、講師として教員を招き学習会を行うなど、学校に教室を知ってもらい、お互いに役にたてるつながりを目指している。

学校側にも、外国につながる子どもを支えるために、もっと地域とつながろうとする様子も見られる。

放課後に学習ができる場所、子どもが母語で話せる場所として保護者に教室を紹介するほか、教員自身が教室を訪問する関係となることもあるという。

そして、ＹＯＫＥの事業に地域のボランティアと学校教員が参加し、結果として両者が知り合う場の提供につながった事例を、２０１６年度事業から二つ紹介したい。

まちのにほんごプラットフォーム

まず、事例発表会「まちのにほんごプラットフォーム」である。日本語学習や日本人・外国人のコミュニケーションなどにまつわる取り組み発表を通じて地域の課題や視点を共有し、また、参加者が知り合う場である。この年のテーマは「外国につながる子ども・親子を支える現場から」で、子育て支援団体、保護者向けの保育付き日本語教室、学習支援教室と、親子を様々に支える団体が発表をした。参加者の意見交換では、学校や保護者とつながりたいとの声がたくさんあり、教員の参加者からも「学校だけでは子どもや保護者を支えきれない。外部との風通しをよくしたい」「ボランティアの活動を知らなかった。地域の情報を得てつながりたい」などの声があった。

次は、「外国につながるこどものことばと育ち勉強会」という、子育て中の外国人保護者と子育て支援者を対象とした企画である。外国人保護者が子育てで迷うことに「母語と日本語、どの言語で育てればいいか」「幼稚園では家庭で日本語を使うようにと言われるが、母語はどうなるのか」などがある。そこで、保護者が子どもの言語習得や発達に係る不安を解消し仲間をつくるとともに、支援者が当事者の生の声を聞ける機会とした。ここにも学校教員の参加があり、保護者や多文化事情に精通した支援者などと言葉を交わした。「学校ではどうしても日本語指導、教科指導が大きな課題になる。母語や日本語を使い、その子にとって価値あることを考えていこうと思った」「通訳が入るまで何を話しているか全くわからず不安になり、学校で子どもたちの抱く不安が少し体験できた」などの声が聞かれた。

地域ボランティア・学校・保護者と、立場や関わり方は様々でも「子どもを支えたい」という思いは同じである。知り合うことがすぐに解決に結びつくわけではないが、協力し合えるようなつながりのきっかけを、ＹＯＫＥがもっとつくれればと考えている。

４　多文化共生を基盤としたグローバル人材育成

沼尾　実（前　グローバル人材育成支援課長
現　鶴見国際交流ラウンジ館長補佐）

ＹＯＫＥは、「だれもが」「安心して」「豊かに」生活できる多文化共生の社会づくりを目指し、国際協力・交流を通して、だれもが安心して豊かに生活できる世界を目指すグローバル人材の育成に取り組んでいる。パシフィコ横浜の５・６階の「横浜国際協力センター」には、横浜市が誘致した国際機関[*1]とYOKEが入居している。地球市民講座で横浜国際協力センターを訪問した受講者は、国際機関の「食糧問題」「地球環境問題」への取り組みやYOKEなどの「多文化共生のまちづくり」について学び、さらにSDGs（国連で採択された持続可能な開発目標）の取り組みも知ることができる。

横浜国際協力センターを訪問して学びを深めた受講者が、だれもが安心して豊かに生活できる世界を目指して、自分にできることは何か、将来の自分の生き方などを考える機会となることを期待している。

小学生対象のプログラムでは、横浜市立小学校の校長・教員や横浜デジタルアーツ専門学校、国際機関と協働で制作した国際機関の取り組みを紹介する映像や学習冊子を活用している。

「東京ドイツ文化センター横浜校」を訪問した子どもたちは、「たった二つか三つのドイツ語を覚えるのもたいへんだった。日本に来て日本語がわからない外国人のたいへんさがよくわかった」と自分の学校の外国につながる子どもに思いを寄せた感想を伝えた。ドイツのことやドイツ語が勉強できてよかったという感想しか期待していなかった私たちは、子どもたちの学びの豊かさに感動した。

国際機関を訪問した小学生たちは、地球規模の課題解決にむけて動き始めたことを学校のフェスティバルや「よこはま国際フォーラム」

訪問した子どもたちへ配布する学習冊子

などで発信している。

❖注

＊１　国連食糧農業機関［FAO］駐日連絡事務所、国連世界食糧計画［WFP］日本事務所、国際熱帯木材機関［ITTO］、シティネット横浜プロジェクトオフィス、アメリカ・カナダ大学連合日本研究センター、東京ドイツ文化センター横浜校

５　横浜市国際学生会館

渋谷　美佳（横浜市国際学生会館副館長代理）

横浜市国際学生会館条例に基づき、横浜市国際学生会館は市内の大学等に通う外国人留学生や研究者のために宿泊施設を提供するとともに、市民の国際理解の増進に寄与するための施設として、横浜市が１９９４年５月に設置し、ＹＯＫＥが運営を担ってきた。２００８年４月に指定管理者制度が導入され、ＹＯＫＥが指定管理者となっている。

２０１７年度までに、84の国・地域から約１、７００人を受け入れてきた。入居者は祭りや防災訓

練などの地域行事に積極的に参加し、コミュニティの一員として活躍するほか、語学サロンやスピーチ大会などを開催し市民との交流を図っている。

創設以来、ＹＯＫＥが特に力を入れてきた事業の一つが、市立小・中学校等への出前授業である。学校との連携は不可欠で、出講1か月前には担任と留学生、学生会館職員が一堂に会し、授業内容について綿密な打ち合わせをしている。外国につながる児童生徒がいる場合はどのような配慮が必要かを聞き取り、同じ国の留学生がそのクラスを受け持つなどの配慮をしている。

担任のアドバイスをもとに留学生はスライドを手作りし、母国文化の特徴や日本との関係、学校生活の様子などを紹介するとともに、民族衣装の試着や母国の遊びの体験など参加型のプログラムも取り入れ、児童生徒の異文化に対する興味を引き出す工夫をしている。外国につながる児童生徒と留学生が母国語で会話を披露することもあり、クラスメイトからは自然と拍手が沸き起こる。

また、夏休みに学生会館で開く「地球村一日留学」も小学生の国際理解を目的とした事業である。初めは緊張した面持ちの子どもたちが、留学生とグループを作りゲームで競い合ううちに心のバリアが取り除かれ、笑みがこぼれる。２０１５年からは地元で活動する南米につながりのある子どもたちのダンスグループ「つるみラティーノ」の協力を得て、踊りのプログラムも加えた。

6　外国につながる若者の支援

藤井 美香

ＹＯＫＥでは２０１７年度から、中学卒業から就職など社会的な自立までの切れ目のない支援に向け、外国につながる若者への支援に取り組むこととなった。

小学校・中学校の間は、外国につながる児童生徒やその保護者に対しては、教育委員会による学校での支援のほか、ＹＯＫＥや地域の国際交流ラウンジ等で、多言語での相談対応、通訳ボランティアの派遣、入学・進学ガイダンス、学習支援教室などを行っている。地域のボランティア等の協力も得ながら一定の仕組みが構築され、活用されている。けれども中学校を卒業すると、そのような支援が一気になくなってしまう感がある。中学校を卒業した若者への支援は必要ないのだろうか。

Rainbow スペース

ＹＯＫＥが地域の国際交流ラウンジで学習支援教室などを運営する中で、学習支援教室を卒業した若者の課題が、彼らの生の声として具体的に見えるようになってきた。まず、学校になじめない、中学校のように自分が発揮できないというような「学校文化への適応の難しさ」。また、「学習生活の変化へのとまどい」により、勉強の目的がわからなくなったり、学力に自信がなくなったりする。さらには、進路選択のモデルがないとか、将来の居住国や在留資格など先が見えない、もしくは選択肢が多すぎることによる「将来の進路への悩み」もある。これは、特定の学習支援教室の問題ではなく、横浜に住む多くの外国につながる若者の課題ではなかろうか。

若者支援への具体的な取り組みを考えたとき、何よりもまず、彼らとともにこのような課題に向き合う居場所をつくることを考えた。なか国際交流ラウンジが行う「中区・外国人中学生学習支援教室」卒業生7人による運営委員会（のちの名称「にじいろ探検隊」）が2017年10月に組織され、若者による若者の居場所づくりが始まった。居場所の名称は、Rainbowスペース。2017年12月にプレオープンし、現在のところ、月1～2回各2時間開設している。

YOKEとしても、若者の社会的自立支援への具体的な取り組みは始まったばかりだ。若者支援を行う様々な団体、高校、多様な支援者、何より外国につながる若者たちとともに、居場所づくり、進学や就労の支援などを進めていきたい。若者たちの笑顔――自分の生活や将来のキャリア形成に意欲的になり、自らの持つ複文化を肯定的に受け止められ、社会に役立っているという自己有用感に満ちた笑顔――を見るために。

７　今後の課題

岡田　輝彦（ＹＯＫＥ理事長）

ＹＯＫＥは、以前から外国につながる子どもの学習支援教室を開催し、主に高校進学に向けての学習面でのサポートを行ってきた。しかしここにきて新たな課題が見えてきた。それは高校進学後の若者への支援の必要性だ。

言うまでもなく、若者はこれからの社会を担う大切な人たちである。こうした若者が社会の中で成長し、最終的には仕事を得て自立していくことがこの社会を維持するうえでは欠かせないサイクルなのだ。

しかし高校進学後の若者たちの困難は、私たちの想像を超えているようだ。日本語の不自由さに加え学習内容が急に難しくなることや、何人もの外国人の仲間がいた中学生とは違う環境に疎外感を強くするなど、将来への不安を抱え、自分がかつて学んだ学習支援教室に居場所を求めてくる若者が増えているのだ。

私たちはこれまで、高校受験という特別なハードルを超える一点に絞って支援をしてきた。しかし高校入学後、場合によっては大学に進んでも、さらには最終的な目的地である就労につながるまでの長い道のりの支援の必要性を痛感している。こうした考えから、前述のとおり、２０１７年度、私たちは就労につながるまでのライフステージに応じた支援の一環として、外国につながる若者自身が運営する「居場所」づくりへの支援を開始した。横浜に暮らす外国にルーツを持つ若者たちがこの街を自分の居場所と感じ、自立した生活ができるまでのサポートを目指してささやかな一歩を踏み出したのだ。

他にも課題は多い。私たちＹＯＫＥは、学校やボランティア、また関係団体と連携して、これからも子どもたちの様々な学習の場面で直接・間接にかかわっていきたいと考えている。

第2章　国際交流ラウンジ

横浜市では、「横浜市国際交流ラウンジの設置及び運営に関する指針」（２００６年４月）に基づき、市内11か所に国際交流ラウンジが設置され、地域の多文化共生のまちづくりを担っている。その設置主体は各区であるため、各国際交流ラウンジは、「多言語による情報提供・相談」「人材育成」を共通機能としながら、各地域の特性やニーズにより「交流」「日本語教室」「通訳・翻訳」などの事業を展開している。

外国につながる子どもたちの増加に伴い、各拠点では様々な形で学校との連携による取り組みが活発化している。従来から「多言語相談」や「通訳派遣」により保護者と学校のコミュニケーションを支援する取り組みは続いているが、近年では「学習支援教室」や「子どものための日本語教室」、また各小中学校での学習支援ボランティア等の紹介を通じて、個々の児童生徒を中心とした、より継続的な連携が行われている。こうした活動の担い手は、各国際交流ラウンジを運営する団体[*1]や活動に関わるボランティアであり、その地道な活動と築き上げられた信頼関係に支えられている。

ここでは、外国人人口が多い鶴見区（２位）、南区（３位）、中区（１位）の３区から委託をうけＹＯＫＥが運営を行っている三つの国際交流ラウンジと、ＮＰＯ法人が運営している都筑多文化・青少年交流プラザ（つづきMYプラザ）とほどがや国際交流ラウンジを紹介する。

❖注

＊1　現在、国際交流ラウンジ11か所の運営団体は、NPO法人（5か所）、YOKE（4か所）、市民グループ（1か所）、区直営（1か所）となっている。

1　鶴見国際交流ラウンジ

松井　孝浩（鶴見国際交流ラウンジ館長）

歴史的に多様な人々が移り住んで来ることで街が形成された横浜市鶴見区[*1]では、2008年6月に「鶴見区多文化共生のまちづくり宣言」[*2]が発表された。続いて2010年12月に鶴見駅東口前の複合ビル「シークレイン」内に鶴見中央コミュニティハウスとともに鶴見国際交流ラウンジ（以下、鶴見ラウンジ）が開設され、2011年3月に鶴見区民文化センター（サルビアホール）が開設された。以降、鶴見ラウンジは区内の多文化共生の拠点として様々な事業を行っている。本節では、まず、鶴見ラウンジと区内の小中学校が連携して実施する二つの事業について報告する。次に、これらの事業の意義と鶴見ラウンジの役割について、欧州評議会が提唱する複言語・複文化主義を手がかりにして考える。

（1）夏休み宿題教室

鶴見区における外国につながる児童生徒への学習支援教室は、２００９年８月に区の事業として開始され、その後、鶴見ラウンジ開設と同時に区からの委託を受け今日に至っている。現在、鶴見ラウンジでは、毎月第１・３土曜日の10時から12時まで学習支援教室が開催されている。対象は鶴見区在住の小学校１年生から中学３年生までの外国につながる児童生徒である。この事業の一環として、８月の第３週目には夏休み宿題教室（５日間）、12月から２月までは中３生を対象にした高校受験対策クラスが開催されている。

中でも夏休み宿題教室は、区内の小中学校との緊密な連携のもとに実施されている。児童生徒の募集は小中学校の校長会で告知が行われ、各校の国際教室の担当教師が中心となって参加者の選定を行う。それと並行して、鶴見ラウンジではボランティアの募集を行う。参加ボランティアは地域の方々だけではなく、近隣の高校や大学にも呼びかけを行い、多くの学生が参加している。

外国につながる児童生徒の家庭では、夏休みの初めに渡される多くの宿題に困惑する家庭も少なくない。日本語能力などの問題から、家庭では子どもの宿題を手伝ってあげたいという気持ちがありながらもそれが叶わず、もどかしい思いをしている保護者も多い。もちろん、学校側も全ての宿題を終えることを要求しているわけではなく、できる部分をやればよいという指導が行われることが一般的である。その中で、鶴見ラウンジはどの宿題を優先的に取り組んでいくべきかなどの情報を学校から得て、保護者に伝えることもある。

５日間の宿題教室の間には、各教科の宿題もさることながら、特に児童生徒が一人で取り組むことが難しい自由研究や読書感想文のお手伝いにボランティアが大活躍する。特に自由研究のテーマについては、自分につながる国の文化と日本の文化との比較などを選ぶ児童生徒もいて、ボランティアとの対話の中で自分の複数のルーツについての振り返りを深める良い機会になっている。また、普段は交流の少ない地域の大人や高校生や大学生と触れ合うことも、児童生徒にとっては将来の進路を考えるうえでのたいへん良い刺激となっているようである。なお、先述の潮田小学校からは毎年40名以上の児童と3、４名の先生方の参加があり、特に先生方は自校の児童だけでなく、参加児童生徒全ての宿題指導にあたってくださっている。以上のように夏休み宿題教室は、区内の小中学校と地域のボランティアや高校、大学が一丸となって外国につながる児童生徒の学びを支える事業となっている。

（2）ラウンジ訪問の受入れ

鶴見ラウンジでは、区内の小中学校から国際理解学習の一環として、ラウンジ訪問学習を受け入れている。外国につながる児童の在籍数が多い汐入小学校では、５年生のクラスで世界の料理について調べるという学習活動を実施しているということで、鶴見ラウンジに訪問依頼があった。そこで、鶴見ラウンジでは日系ペルー人のスペイン語スタッフがペルー料理の説明を行った。彼女は料理の説明に入る前に、日本人の顔立ちをしていて日本語を流暢に話す自分がなぜ外国人なのかについて話すことで、南米の日系移民の歴史についての説明を行った。この話から、児童たちは外国には○○人という外国人が住んでいるだけではなく、世界には日本にルーツを持つ人がたくさん住んでいるということを学ぶことができたようである。次に、写真などを見せながらペルー料理についての紹介を行った。ペルー料理はスペイン料理や中国料理の影響を受けたものが多く、特に中国からの移民を多く受け入れた歴史的経緯から、ペルーではチャーハンが一般的な料理であるとの説明があった。また、児童の中にはペルーにつながる子もいて、誇らしげに自分の国の料理について話す様子が印象的であった。

世界は、例えば○○という国には○○人という人たちがいて、○○料理を食べているというような単純なものではない。人々も料理も常に移動しお互いに影響し合う中で、ある国や地域の文化は形づくられていく。クラスの中に外国につながる児童生徒がいるということも、このような世界の流れの中でごく自然に起こっていることなのだということを感じ取ってほしいという思いがこの説明には込められている。

（3）複言語・複文化主義から考える鶴見ラウンジの役割

鶴見区内の小中学校では、１９９０年代より多文化共生に関する様々な取り組みが進められている。本節で紹介した二つの事業もこの流れを汲んで進められているといえるだろう。最後にまとめとして、鶴見ラウンジは①今回報告した二つの事業の意義をどのように捉え、②今後地域においてどのような役割を担っていくべきか、という二つの点について考えてみたい。

これらの点を考えるうえで参照できる考え方としては、欧州評議会が提唱している複言語・複文化主義を挙げることができる。これは、グローバル化が進み多様な人間の移動が進む欧州では、複数の言語を使用する個人を多様な文化的背景をもつ「社会的存在」であるとみなし、言語学習の究極的な目標を「理想的な母語話者」とすることなく、個人の中で相互に作用し合う複数の言語や文化をありのまま認め「豊かに統合された複文化能力」の育成を目指すという考え方である。

この複言語・複文化主義は鶴見区内の外国につながる児童生徒のありようを捉えるうえでも示唆に富む。外国につながる児童生徒の多くは、ことあるごとに「日本人」であるのか「〇〇人」であるのかにどちらかを選び取ることに違和感を持つ者が少なくない。しかし、複言語・複文化主義においては、例えば沖縄にルーツを持ち、ペルーにつながる児童生徒を「日本人」「ペルー人」あるいは「ウチナーンチュ」としてではなく、多様な文化的背景をもつありのままの「わたし」として肯定していくことができる。

鶴見国際交流ラウンジを訪問する小学生

ついての立場表明を求められ、

このような立場に立てば、外国につながる児童生徒が夏休み宿題教室で自由研究のテーマに自分につながる国の文化と日本の文化との比較を選び、ボランティアとの対話の中で自らの複数のルーツに対する振り返りを深め、肯定的な態度を身につけることは、「豊かに統合された複文化能力」の育成につながっていると言えるのではないだろうか。また、ラウンジ訪問受入れのように、ペルーの料理を通してある国の文化が複数の文化が混じり合いながら形成されていることに気づくことは、複文化的な学びの機会の提供になっていると言えるだろう。このような複文化をめぐる能力の育成と学びの機会の提供が、この二つの事業が持つ意義である。

そして、外国につながる児童生徒はもちろんのこと、日本の児童生徒に対しても複数の言語や文化をめぐる学びの機会を提供するという機能こそが鶴見ラウンジが地域の中で担うべき役割であろう。今後も区内の小中学校と連携し、地域のボランティアの方々の助力を得ながら、地道な取り組みを進めていきたい。

❖注

＊1　横浜市鶴見区の歴史的背景については鶴見国際交流ラウンジのホームページにある「多文化鶴見の歴史と現在」(http://www.tsurumilounge.com/tsurumi_history.html) を参照のこと。

＊2　http://www.city.yokohama.lg.jp/tsurumi/etc/exchange/trtabunkasengen.html

コラム

私が通訳ボランティアを始めた理由

石原　美穂（高校生、鶴見国際交流ラウンジ通訳ボランティア）

まずはじめに、私が通訳ボランティアというボランティア活動を始めたきっかけについて、お話したいと思います。私の母が通訳ボランティアを通して、たくさんの人々を助けている姿を見て、興味を持ち始めました。人を助ける事が好きな私も母のように困っている人々を助けて、プラス自分の言語を活かしたいと思い、通訳ボランティアに参加しました。

私は、家庭内ではポルトガル語を話し、学校やお仕事などでは、日本語を話しています。父と母との電話はいつもポルトガル語です。周りの友だちには、不思議がる子もいれば、偏見の眼差しで見られることも多々ありました。私は、メンタルがとても弱く、すぐ泣いてしまう子どもだったので、母や父を困らせてしまうこともたくさんありました……(笑)。

学校で少しずつ私が外国人だとみんなに知れ渡るようになり、イジメられたりするようになりました。「外人だ！　自分の国に帰れよ！」などと酷いことも毎日のように言われました。日に日に私は愛想笑いしかしない暗い子どもになっていました。私を助けてくれる大人はいませんでした。先生たちは見て見ぬフリをしていることが多いでしょう。

昔の私みたいに「なっている・これからなる・なっていた」外国の子どもは、少なくないと思います。

だからこそ、私は、少しでもそういう思いをしている子どもたちを助けたいと思いました。

大人からしたら、私もまだ18歳の子どもです。子どもが子どものイジメを訴えても軽く思い、流してしまう大人たちの方が多いでしょう。だから私は通訳ボランティアを人助けの第一歩だと思って、子どもなりに毎日頑張っています。

イジメをしている子や見て見ぬフリをしている大人たちの心に少しでも響いたり、イジメられてる子の次の日への勇気や希望になってくれることを願って、この文章を綴っています。

イジメられている子に何かあったとしても、イジメてもいいということになってしまう理由や原因は存在しないと思います。私は、絶対にイジメはなくせると信じています。

2　みなみ市民活動・多文化共生ラウンジ

上原　敏子（みなみ市民活動・多文化共生ラウンジ館長）

横浜市南区は、横浜中華街のある中区に隣接しており、中華街で働く中国人の他、韓国・朝鮮人、フィリピン人等、多くの外国人が暮らしている。定住化する外国人が増加の一途を辿る中、２０１０年10月、南区は地域の多文化共生を推進するため、みなみ市民活動センターに国際交流ラウンジの機能を付加し、「みなみ市民活動・多文化共生ラウンジ」（以下「みなみラウンジ」）としてリニューアルオープンさせた。

ここ数年、南区では外国人が急増している。2015年1月1日には、8031人で区全体に占める割合が4・1％だったが、2018年には、9680人で全体の5％に達した。南吉田小学校をはじめとする区内小学校に、外国につながる児童が増えていることから、みなみラウンジと区内の学校との関わりにも新たな展開が見られるようになった。

(1) 学校を核にした多文化共生事業

みなみラウンジには、区内の小中学校と直接関わる事業が三つある。一つは、学校への通訳や「初期適応・学習支援ボランティア（市教委の事業で、来日間もない児童生徒が学校生活に適応し、授業を理解できるよう母語で支援するボランティア）」の派遣であり、2006年度から実施している。二つ目は、2012年度から開始した外国につながる中学生のための放課後学習支援教室で、市民ボランティアの協力を得て、ほぼマンツーマンでそれぞれの生徒に合わせた学習のサポートが行われている。外国につながる子どもだけが集まる教室であり、自分のことを心配してくれるボランティアや母語で相談できる外国人コーディネーターの存在もあり、子どもたちにとっての「居場所」ともなっている。三つ目は、年々内容が充実し、盛り上がりを見せている「学校を核にした多文化共生事業」であり、以下、詳細に紹介したい。

2015年度から、南区の委託事業の一つとして開始した、「学校を核にした多文化共生事業」の目的は、学校での多文化共生を推進することを通して、地域の多文化共生推進へとつなげていくことである。

事業を行うにあたり、まず、各学校から、希望することを案として出してもらう。それを基に、みなみラウンジは、事業コーディネーターとして、具体的な提案を行うとともに、事業にふさわしい外国人ボランティアの紹介を行っている。この事業では、南区も打ち合わせから実施に至るまで関わっていて、事業を進めるうえでの潤滑油となっている。

次に対象校だが、南区内の外国につながる子どもが多く在籍する公立小学校で、初年度の２０１５年度は南吉田小1校のみだったが、２０１６年度には、南吉田小の他、日枝小、中村小、石川小の４校、２０１７年度は蒔田小も加わり5校となり、２０１８年度には6校となる予定である。

外国につながる子どもの割合が55％となった南吉田小（２０１８年3月現在）では、２０１５年度から外国につながる子どもたちと日本人の子どもたちが一緒に英語活動を楽しめる「特設英語クラブ」を実施している。みなみラウンジに登録している外国出身のボランティア４人が英語講師として活躍している。２０１７年度には、同小の日本人保護者３人がボランティアを買って出て、クラブ運営のサポートをしている。３人は英語を話せなかったが、これを機に子どもたちと一緒に英語の勉強を楽しんでいるそうだ。保護者も事業の協力者として関わるということは、私たちも予想していなかった嬉しい展開である。

日枝小、中村小、石川小、蒔田小では、多言語での絵本の読み聞かせ、外国の文化体験等を行っている。読み聞かせの一例を紹介すると、始まる前に、子どもたちは絵本に出てくる外国語のキーワードをいくつか学ぶ。子どもたちは、いとも簡単に覚えて発音する。外国語での読み聞かせが始まると、

多言語での読み聞かせ

キーワードが出てこないかと一生懸命耳をそばだてて聴いている。

終了後は感想の時間。その国につながる子どもたちからは、「母国語で絵本を読んでもらうのは久しぶりだったから懐かしかった」、日本人の子どもたちからは、「外国語が少しわかるようになって嬉しい。お母さんにも教えたい」等の声が。最後は、キーワードで習ったばかりの外国語の「さようなら」を使って、読み聞かせの外国人ボランティアに挨拶する子どもたちが何人もいた。

外国の文化体験では、各国のダンスや遊び、武術等を体験する。これまで、フィリピン、バングラデシュ、タイ、ナミビア等のダンスや中国版のラジオ体操や太極拳を教えてもらうという体験もあった。子どもたちはいろいろな国の音楽を聞いて、動くこの時間、とても生き生きとしている。

学校での外国人ボランティアは、通訳や学習支援サポーター等、日本語力の高い人たちが中心だが、この事業の講師の多くは、ほとんど日本語が話せない。しかし、ラウンジスタッフがコーディネーターとして関わっていることや、外国語に堪能な教師が配置されている学校があることにより、彼らも活躍できる環境にある。

教師にも変化が生まれつつある。日本語が不十分なボランティアとコミュニケーションを取ろうと、学生時代に習った英語や、勉強中の中国語で話そうとする姿も見られるようになってきた。学校での「多文化共生」は少しずつ広がりを見せているようだ。

（2）「地域の中の学校」との連携

２０１７年度、みなみラウンジでは、南区、国際局、教育委員会事務局等とともに、新たに「多文化共生コミュニティづくり事業」に取り組むこととなった。みなみラウンジのコーディネート機能の強化を通じて、地域に積極的にアプローチを行うことで、外国人居住者と日本人居住者双方の「顔の見える関係」づくりを目指すもので、初年度は、当事者へのアンケートやインタビュー調査を実施した。当初、調査に応じてくれる外国人へのアプローチ方法が課題だったが、みなみラウンジのご近所である南吉田小の藤本校長のご理解、ご協力をいただき、外国人保護者が集まる「教育相談」の日にアンケート調査を実施することができた。アンケート調査については事前に保護者に伝えられていたため、１４８人から回答を得ることができ、うち85人がインタビューに同意してくれた。これらは、行政、みなみラウンジにとって、今後「多文化共生コミュニティづくり」の取り組みを進めていくうえで基礎資料となる、貴重な情報である。

このように学校との連携を深める中で、ラウンジを訪れる保護者が増えてきた。地域のキーパーソンに今後なりうる保護者ともつながることができた。学校の先生方とも情報交換や相談ができる関係となりつつある。「地域の中の学校」と連携し、具体的に協力し合える関係を築いていくことは、今後、地域の多文化共生の取り組みを進めていくうえで一つの鍵となるのではないだろうか。

コラム

友だちがいれば頑張れる!

深瀬 美穂 (みなみ市民活動・多文化共生ラウンジ事業コーディネーター)

タガログ語しか話せないフィリピン人中学生リンダさん(仮名)が学習支援教室*1に見学で来た時、学習支援コーディネーターの私が、「ちょっとリンダさんにタガログ語で話してあげて」と同級生のマリさん(仮名)に声をかけたのが二人の出会いです。

マリさんは小2で来日し、日本語には困っていないが勉強が苦手で、教室も休みがち。当時は何事にも消極的に見えました。来たばかりのリンダさんにマリさんを紹介したものの、マリさん自身は「タガログ語は家でお母さんと話すだけだから」、と自信なさげ。なかなか自分から話そうとはしませんでした……。

でも、リンダさんは明るい性格の子で、言葉の通じる友人ができたと大喜びで、とにかくマリさんにタガログ語で話しかけていきました。リンダさんとマリさんは中学校が違うため、毎日学校で会えるわけではありませんでした。それでも、週1タガログ語で話すことが嬉しくて、毎回待ち合わせをして二人で一緒にくるようになりました。

夏休みに入り、教室の在籍中学生と高校に進学した卒業生との交流会が開催されました。二人は、鶴見総合高校に進学したフィリピンにつながる先輩の話に刺激を受け、そのときから夢は「鶴見総合高校に行くこと、ＴＯＥＩＣを受けること」になりました。英語力を生かして進学していった先輩の話を聞いて、自分たちにも可能性がある、二人で頑張ってみよう、と思ったそうです。その頃のマリさんは、もう以前のように休むこともなく毎回来て、苦手な数学と得意な英語の両方をサポーターと勉強するようになっていきました。リンダさんも得意な英語でサポーターとコミュニケーションをとりながら、日本語を習得していきました。

当時の学習支援教室は、半数以上が中国につながる生徒でした。教室終了後も中国語が飛び交う中、中国以外の国につながる生徒は個々にサポーターと学習して帰るだけという子が多かったです。リンダさんとマリさんが学校を超えて仲良くなっていく中で、ほかのフィリピンにつながる子も自然と集まるようになり、学習後タガログ語で談笑する姿が多く見られるようにもなっていきました。それぞれの志望校の情報を共有したり、悩みや愚痴を話したり、とても楽しそうでした。

この二人の交流を見ていて思ったのは、「安心できる友だちがいることで、嫌な勉強も頑張ろうと思えるし、新しいことに挑戦しようと思う心が持てる」ということでした。結果的にはリンダさんとマリさんは違う高校に進学しましたが、今でも交流は続き、二人とも時々、学習支援教室にも顔を出してくれます。そのときには、後輩たちに元気を分けてもらいたくて、フィリピンにつながる生徒にタガログ語で話しかけてもらったり、勉強を見てもらったりしています。

これからも学習支援教室という場所で、いい出会いがあることを願っています。

❖注

＊1　南区の公立中学校に通う外国につながる生徒が通う学習支援教室。週1回みなみラウンジで開催している。ボランティアの学習支援サポーターと初期日本語や教科学習をしている。

3　なか国際交流ラウンジ

木村　博之（前　なか国際交流ラウンジ館長
現　横浜市国際交流協会事務局担当次長）

(1) 子どもたちは留学生ではない！

「木村さん、この子たちは自らの意思で来日した『留学生』じゃないですよ。親の都合で日本に来たのだから。それをきちんとわかってあげてくださいね」「サポーターの中には『ここは日本だからもっと日本語を使わなきゃダメ！』という人もいますが、いきなり異国に置かれた彼らに寄り添う気持ちが大切です」。私はことあるごとに、同僚の中村暁晶《あき》さんから何度も何度もきびしく諭された。最初はよく理解できなかったのだが、後々中村さんの言葉の意味がわかっていく。

２００８年、日本でも有数の外国人集住地域である横浜市中区（区民の約11％が外国人）に、「なか国際交流ラウンジ」（以下「ラウンジ」）が誕生した。中区は日本最大の中華街を擁し、中国人が多いのが特徴だ。「中華街で夫が職を得て単身で来日。妻がそれに続き、生活が安定したら祖父母に預けていた子どもを日本に呼び寄せる。学齢期の子どもであれば区内の公立小学校・中学校に通う」。近年そんな子どもたちが増えている。

ラウンジがオープンすると、近くの吉田中学校（現横浜吉田中学校）の中村眞一校長（当時）が訪れ、外国につながる生徒が急増し、サポート体制が追いつかない窮状を訴えた。当時の聞き取りメモには「吉田中の約30％が外国につながる生徒」と記されている。これを契機にＹＯＫＥ内部で対応策を協議、中区に提案したのが「外国人中学生学習支援教室」だった。

教室開設までにはいくつかの課題があった。対象生徒の範囲、集め方、支援科目、生徒のサポーター、事務局体制等々。中学校、区役所との話し合いを何回か行い、対象は区内の港、吉田、富士見の公立3中学校[*1]、支援科目は初期日本語及び英語、数学他の教科、サポーターは市民からの募集となった。なかでも当時の責任者は「学校に何でも相談できる組織的な関係がなければ、この事業は尻つぼみになる」と学校との連携にこだわった。

その後、各中学と協議を重ね、教室の生徒は学校が推薦、互いに生徒の状況を共有し、サポーター研修には教師派遣等で学校が協力してくれることになった。3校から生徒が集まるので喧嘩など不測の事態も危惧されたが、むしろ同じ境遇の生徒間で交流は深まっていった。

そして２００９年10月1日、「中区・外国人中学生学習支援教室」がスタートする。以後、毎週木曜日の放課後（現在は木、金の週2日開催）に、3校から生徒21人がラウンジに集まった。２０１７年度までに在籍した生徒数は３０４人にのぼる。ルーツ別では中国２７６人、フィリピン17人、タイ５人、台湾２人、韓国・米国・ペルー・ブラジルが各１人。学年は受験を控えた3年生が主流である。中国人生徒が全体の90％以上を占めているが、彼らの半数以上は中学生になって来日している。

スタートはしたものの、しばらくは自転車操業だった。「来るはずの生徒がまた来ない。サポーターは待機している。空振りが続くサポーターになんて説明しようか」「日本語ができない来日直後の生徒との意思疎通をどのように取ればよいのか」等々。そんな日が続いたが、回を重ねるごとに「ある光景」を目にするようになる。開始30分前には中国人生徒のグループがラウンジに来ている。事前学習のためではなく「ある人」に会いに来るのだ。その人が冒頭で私を諭した女性、中村さんだ。彼女は18歳で中国から留学生として来日、その後日本人男性と結婚し横浜に住むようになり、すでに滞日期間は母国のそれを上回る。当時はラウンジの「中国語スタッフ」として主に中国人からの生活相談を担当していた。

学習支援は担当外だったが、窓口に座る彼女の周りには、教室がない日も自然と中国人生徒が集まるようになった。みな笑顔で中国語での会話が弾む。教室が終わっても生徒たちに囲まれ「解放」してもらえない。「あの子たちはとても楽しそうだけど、中国語で何を話しているの？」。私は彼女に尋ねた。「いろいろですよ。帰宅しても両親は深夜まで働いていて、独りぼっちだったり。幼い兄弟の面倒をみている子もいます。『ディズニーランドに遊びに行こう』と親から言われて日本に来たら、『翌週から中学校に通って』と言われた子もいます」。

（2）学校でも家庭でもない「第三の居場所」

中国の祖父母に預けられ、学齢期に日本に呼び寄せられる子どもたち。目の前の子どもたちはまさにその当事者だった。ある日突然日本へ行くことを告げられ、言葉も文化も違う環境に放り出される。「子どもたちは自分の意思で来日した留学生ではない。親の都合だ」という冒頭の中村さんの言葉の意味が少しずつわかってきた。その後、彼女はこの事業に欠くことのできない教室コーディネーターの役割を担うようになる。

一方サポーターは元教師、海外駐在経験者、主婦等様々だが、子どもとのマンツーマン指導をお願いしている。学習状況の異なる子どもへの対応もあるが、それ以上に自分だけを待っていてくれる大人の存在は、「日本社会に受け入れられている」という肯定感を子どもたちに与えるからである。当初、サポーターから「もっと成績を上げなければ」「週１回では足りない、開催回数を増やせないか？」「日本にいるのだから日本語を積極的に使ってほしい！」といった声も少なからず聞かれた。しかし中村さんは、親の都合で海を渡り、異文化の中で頑張っている子どもたちの気持ちに思いを馳せてほしい、と切々と訴えた。サポーター研修では、「学習支援」より「居場所」としての教室の役割を強調する。子どもにとっては「週１回の教室」だが、そこには自分だけを待っていてくれるサポーターがいる。同じ環境に置かれた仲間と交流できる。さらに母語で何でも相談できる母国の大人がいる。彼らにとってこの教室は、学校でも家庭でもない「第三の居場所」の役割も果たしていた。

一方、受験は避けて通れない壁なので、連携中学の教師を招き「受験のポイント」をサポーターに伝えている。時おり中学校の先生方が教室を覗くと、生徒たちは照れながらも嬉しそうな表情をしている。

（3）多文化人材の育成へ

２０１８年、開設から10年目となる教室には、二つの変化があった。一つは中村さんを支える卒業生が出てきたことだ。大学生の王《おう》莉珊《りさん》さん、大学院生の林《りん》錦園《きんえん》さんが事務局の「教室コーディネーター」となり、過去の自分と重ねるかのように生徒たちの間で日々奮闘している。中国語と日本語に堪能で、双方の文化が理解できる彼女たちは、もはや教室になくてはならない存在だ。高校生、大学生、社会人になってラウンジを訪れる卒業生たちも、悩みや将来のことを話し合い、時には先輩の王さんや林さん、そして〝姉御〟の中村さんにアドバイスを求める。

二つ目の変化は２０１８年1月、卒業生を中心に、外国につながる若者たちの居場所「Ｒａｉｎｂｏｗスペース」がラウンジにオープンしたことだ。7人の実行委員は全て当事者の若者たち。リーダーは林さん、中村さんは「相談役」である。

10年を経て人材輩出の確かな道のりが見えてきた。「支援」から「人材育成」。これからは母国と日本の架け橋になる「多文化人材」が横浜の地に陸続と出てくるに違いない。

❖注

＊1　現在は吉田中学校と富士見中学校は統合して「横浜吉田中学校」（第2部第4章参照）になり、学習支援教室の対象も中区内の中学校5校に拡大されている。

コラム

支え

中村　暁晶《あき》（なか国際交流ラウンジ館長）

平昌オリンピックが幕を閉じました。自分のことのようにテレビの前で応援していたから、少し寂しいです。メダルを取った選手たちのインタビューに何度も涙しました。「支えてくれた人たちに感謝したい」「金メダルはみなさんに支えていただいた証《あかし》」。選手自身の努力もさることながら、「周りの支えがあったからこそ」というところが激しく心に響きます。

「支え」はアスリート界だけの話ではないと思います。私自身も、26年前に日本に来てから、今日の自分になるまで、思い返すと至る所に周りの「支え」がありました。初めて日本に来て、日本語を勉強したての頃に、日本人の友人からもらった「広辞苑」は、今でもしばしば手にします。あのころは「解読不能の怪文書」のように見えた1ページ1ページは、日本語の勉強を応援してくれた友人の記憶とともに、今ではやさしいことばとなって目に飛び込みます。

娘の授業参観で初めて日本の学校に行ったとき、不安そうな顔で教室の隅に佇んでいた私にすっと寄り添ってくれた友人。日本の義務教育を経験していない私に、学校のことや習い事、塾、進学のことを雑談の中でさりげなく語ってくれたママ友の存在。些細なことではありましたが、私には大きな「支え」でした。

仕事柄多くの外国人中学生や高校生とかかわります。彼らの多くは思春期の真っただ中に国や言語の移動を余儀なくされ、根っ子となる「支え」が失われています。まったく違う国、社会、学校での再スタートに、自信や努力、将来の夢など若者なら当然持っているであろうものが、彼らにとっては「当然」ではありません。「国では成績がよかったのに、日本に来てから赤点ばっかり、本当に嫌で仕方ない」「自分らしく青春を謳歌したいよー、どうしたらいいの」「私はいったい何からどう勉強すればいいのかな?」「将来のことで悩むわー、助けて」。こんな会話は日ごろの挨拶のように頻繁です。

試練を乗り越えるのは自分自身だが、周りの応援はそれを後押しします。自分と同じ境遇の友だち、やさしい眼差しで見守ってくれる大人、「あなただからできることもあるよ」と認めてくれる居場所。些細なことかもしれませんが、子どもたちの人生の大きな「支え」になるはずです。

こんなことから、今年の1月、なか国際交流ラウンジに外国につながる若者たちの居場所「Ｒａｉｎｂｏｗスペース」がオープンしました。運営するのは当事者の若者たち。私が支えられてきたように、今度は彼らを支えていきたいと思っています。

コラム

なか国際交流ラウンジと私

林《りん》 錦園《きんえん》（なか国際交流ラウンジ学習支援コーディネーター
早稲田大学大学院日本語教育研究科修士課程）

中学校2年生のときに中国から来日した私は、学校の取り出し授業、日本語の集中教室、家庭での補習などの様々な支援を受けてきました。日本に来てからは、他者からの支援がなくては前に進めない時期が長く続きました。なぜなら、日本語がわからなかったからです。

当時受けた支援の中でも、「なか国際交流ラウンジ（以下ラウンジ）」の学習支援教室は最も短く、サポーターの先生と勉強したという記憶が薄かったにもかかわらず、今思えば、その場にいたのは中学校では見られない私でした。

日本語という環境にのみ込まれてしまったこと、いつしか中国語を話すと注目され、時にはそれが冷たい眼差しであることを恐れ、学校では中国語を話さなくなりました。一方、ラウンジには同じことばを話す友だちや中国出身のコーディネーター、中村暁晶先生がいました。「ここでは中国語を話してもいいんだ、中国語でも話を聞いてくれる」と思うようになり、「中国人である」という自分を肯定的に捉えることができました。私たちのような「外国につながる子ども」にとって、学習支援教室の存在は様々な意味を持っていたように思います。

私はその後、高校そして大学に進学しました。自己紹介をするたびに、「中国出身です」と言うと、

「留学生?」と聞かれます。でも私は自らの意志で来日したのではなく、「留学生」という枠には当てはまらないと思いました。高校に入学できるのか、私という人間は日本という社会で何ができるのか、と考えながらも、次々に遭遇する出来事に精いっぱいの日々が過ぎていきました。来日以来、複雑な環境に置かれ成長してきた私にとって、大学やアルバイト先などで「中国語も日本語も話せていいね」とか「中国人なんでしょ」という一側面だけを捉えられることに、いつも違和感を覚えました。

自分は何者なのかと考えていた大学2年のとき、もう一度ラウンジの学習支援教室に戻り、今度はサポーターとして一年間活動しました。教室には私と同じ境遇に置かれた仲間たち、彼らを支える中村先生やサポーターの皆さんがいました。

中村先生との再会、同じことばを話す生徒との出会いにより、「ことば」だけでなく「経験」も共有していたことに気づきました。同じ経験を共有できるこの教室で、私は「私」という人間を再認識し、「留学生」でもなく「中国語も日本語も話せる中国人」だけでもない自分を知りました。

私にとって、ラウンジの「学習支援教室」は「自分は何者なのか」ということに気づくことができる場所だったのです。サポーターとして活動していた時、生徒に寄り添いながら、高校時代の自らの経験を話すこともありました。教室は「学習の支援」だけではなく、家庭でも学校でもない同じ環境の中学生が集う「居場所」でもありました。そのような場所の必要性を痛感し、大学院に進学した現在は学習支援教室のコーディネーターとして中村先生を支え、教室の卒業生たちとともに外国につながる若者の居場所作りに励んでいます。「外国につながる子ども」という呼称が定着し、支援の必要性が認識されている今こそ、学習支援教室の持つ多様な意味、可能性に多くの人たちが気づいてほしいと願っています。

４　都筑多文化・青少年交流プラザ

林田　育美（都筑多文化・青少年交流プラザ館長）

２００７年11月に開設した都筑多文化・青少年交流プラザ（略称「つづきＭＹプラザ」、以下、ＭＹプラザという）は、港北ニュータウンを擁する横浜市都筑区にあり、国際交流・外国人支援の拠点と青少年のための地域活動拠点を併せ持つ特色ある施設である。異なる二つの分野を持つことの難しさを痛感する一方、それを強みとするために、二つが重なる部分として、「外国につながる子どもの支援」に力を入れてきた。当初ボランティアグループが運営していた外国につながる子どもの学習補習教室「ＫＡＮＪＩクラブ」を、現在はＭＹプラザの事業として運営している。毎週土曜日の13時30分から15時30分まで、公立小中学校に在籍する外国籍児童生徒を受け入れており、地域の方々が学習支援ボランティアとして活動している。

(1)　小中学校との連携に向けた歩み

外国につながる子どもの学習支援を充実させるためには、単に「勉強を教える」だけでなく、家庭の様子や来日の時期など子どもの背景を知り、子どもが置かれた環境を把握することが大切である。

とりわけ多くの時間を過ごす学校の様子を知ることは、子どもの状況を理解するうえで特に重要なことだと考えている。そのためには、学校との信頼関係の構築が不可欠となる。

「学校との信頼関係構築」と一口に言っても、そう簡単なことではない。まずはMYプラザの事業を知ってもらい、私たちの人柄や取り組む姿勢に共感していただかなければならない。理念を持って行動し、時に柔軟に、時に頑固に、一つひとつ基盤を作り、ひたすら手間と時間をかけながら取り組むことが、信頼関係構築には必須となる。開設当初はMYプラザが何をするところなのか、何ができるのか、明確に説明することが難しかったが、転機は2010年に訪れた。「外国につながる子どもとともに～考えるためのヒント～」というA4判二つ折りのリーフレットを、「都筑区内小中学校教職員のみなさんへ」と題して発行したのである（図表3－1、図表3－2）。何度も何度も小中学校長会でご相談し、校正を重ね、8か月後、都筑区内の小学校22校と中学校8校の全教職員、横浜市教育委員会事務局北部学校教育事務所の全指導主事に配布することができたのだ。このリーフレットの発行目的は、教職員一人ひとりに「MYプラザが外国につながる子どもをどのように捉えているのか」を知っていただくことだった。そして学校で課題を感じたとき、MYプラザを思い出してほしかったのである。

横浜市の北部地域は、外国人集住地区ではない。どちらかと言えば点在しており、外国につながる児童生徒は、学校内に在籍していても数人、またはまったくいない学校も数多くあるが、実はすでに在籍していても、その課題が見過ごされている場合もある。また日本語がわからない児童生徒が一人入ってきただけでも学校は対応に苦慮することもあり、MYプラザの機能が役立つのではないかという思いもあった。

図表 3-1　2010 年 5 月に発行したリーフレット（1）

こんなときには・・・

Q どうしたら学校からの連絡事項が、きちんと保護者に伝わりますか？

A 子どもよりも保護者の方が日本語の習得が遅れている場合が多く、学校から渡される書類のうちどれが大切なものかがなかなか判断できません。
重要な連絡事項は、1. 家庭訪問をして伝える、2. 一目でわかるよう印を付ける、3. 子どもに声をかける、4. 電話で連絡 など、ひと手間かけると伝わりやすいです。

Q 算数・数学の問題で、答えは合っていますが解き方が違うようです。どうしたらよいですか？

A 特に算数・数学については、国によって計算の仕方や理論の立て方が大きく違います。
たとえば、計算の繰り上がり・繰り下がりや割り算の筆算の仕方、分数の読み方（分子から読むところがほとんどです）などが挙げられます。また、九九の言い方は日本独特ですので、言えなくても、既に他のところで習得している子どもはそのままにしておいたほうが、混乱を招かずに済みます。答えが合っていたら○をあげるようにしてください。

Q 高校進学の対応はどうすればよいでしょうか？

A 保護者は高校について全く知らない場合がほとんどですので、保護者と子どもに詳しく説明する必要があります。外国につながる生徒を対象にした「高校進学ガイダンス」（県教委共催の説明会）に参加したり地域の学習支援教室と連携することも有効です。説明の際には、奨学金制度や諸費用の減免制度についての情報も伝えることが重要です。

Q 来日から数年たっても勉強の理解がなかなか進みません。言葉の問題だけではないのでしょうか？

A 学習の理解が思うように進まない場合には、次のことが考えられます。
まず、日本語の理解が不十分なことから来る理解の遅れです。この場合は、日本語の学習をもっとしっかりやる必要があります。
次に、発達障害、あるいは学習障害による可能性です。日々の生活を見て障害が疑われる場合は、速やかに親に説明し、しかるべき教育機関と連絡を取りながら適切に対応してください。実際に、障害がある子どもは稀ではありません。
もう一つは、親子や家庭の問題など、精神的な問題を抱えている場合があります。

その他の相談先

公益財団法人 横浜市国際交流協会内
YOKE情報相談コーナー
TEL. 222-1209　FAX. 222-1187

(財)かながわ国際交流財団
多文化共生・NGO協働推進センター
TEL. 620-0011　FAX. 620-0025

発行　つづきMYプラザ（都筑多文化・青少年交流プラザ）
〒224-0003 都筑区中川中央1-25-1 ノースポート・モール5F
発行日　平成22年5月

都筑区内小中学校教職員のみなさんへ

外国につながる子どもとともに

～考えるためのヒント～

外国につながる子どもへの対応に困ったら・・・
つづきMYプラザ（都筑多文化・青少年交流プラザ）
TEL. 045-914-7171　FAX. 045-914-7172
通訳ボランティアの派遣（転入手続きや保護者への対応など）
日本語学習支援についての相談ができます。

つづきMYプラザ
TSUZUKI MULTICULTURAL & YOUTH PLAZA

図表 3-2　2010 年 5 月に発行したリーフレット（2）

外国につながる子どもを理解するために
・・・子どもの中でこんなことが起きています

～「外国につながる子ども」とは～
「外国籍」「二重国籍」「日本国籍取得者」などの状況にある子どもを言います。

1．子どもにとって「学校は日本」・「家庭は別の国」
外国につながる子どもを理解するには、まず「子どもたちは毎日、外国と日本を行き来している」と思ってください。学校に行くことは、「家庭内の母文化」に、もう一つ「日本文化」を足していくことです。子どもは「日本文化」を足していく過程を学校で学び、やがて２つの文化の架け橋となります。

2．保護者にとって日本の学校は未知の場所です
保護者は多くの場合、母文化の中で教育を受けています。
そのため、全く経験したことのない日本の学校に子どもを託す不安は、想像もつかないほど大きいものがあります。

3．「聞く・話す」から「読む・書く」への大きな壁
日本語には、日々の暮らしの中で会得する「生活言語」と、教科学習の中で習得する「学習言語」があり、子どもはその両方を同時に覚えねばなりません。しかし実際には、「聞く・話す」力は短期間で身についても、「読む・書く」力は長い時間と多大な努力を必要とします。会話力と学力は必ずしも連動しません。

4．親子間に生じる理解度の差
子どもの日本語力が向上して日本文化への適応が進むと、保護者が持つ母文化との間に溝ができます。その溝が深くなるにつれ親と子の意思疎通が難しくなっていきます。

5．子どもはストレスと闘っています
親によって日本に連れてこられた子どもは、「日本で生活すること」をなかなか受け入れられません。それに加え、言いたいことも上手く伝えられないことから来るストレスは、非常に大きいものがあります。その子に関わるすべての人たちは、子どもが常にストレスと闘っていることを知ってあげましょう。

クラスの「一員」にするために
・・・こんなことから始めましょう

◇日本の学校生活を少しずつ理解させる
日本の慣習に基づく、いわゆる「生活指導」の事柄は、日本人には当たり前でも他の人たちにはそうではないこともあります。
ピアスなどは、宗教上「装飾品ではない」と考えるところもあります。
学校では、徐々に日本の学校生活に慣れていくよう本人と保護者に説明し、協力を求めることが大切です。

◇「日本語学習」と「教科学習」の二足のわらじを履く子ども
「日本語」が不自由な子どもは、教科学習に入る前に「日本語学習」が必要です。特に来日当初は「日本語学習」に重点を置くことが不可欠です。
子どもは、来日後数年を経ても、一方で「日本語」を学び、もう一方で「教科」を学ぶという、いわば「二足のわらじ」を履くことが求められます。大変な過程を歩む子どもにとって、先生や周囲の応援は何よりの力です。

◇母文化について教師が理解を示す
子どもの母文化（言語を含む）について、教師がそれを理解しようとする姿勢を見せることは、本人やクラスの子どもを安心させ、子どもたちそれぞれが心を開くきっかけとなります。

◇通訳の活用
学校の規則は守るべきものとして、最初にしっかりと伝える必要があります。そのため、通訳などを活用して、保護者と学校との円滑なコミュニケーションを図り、双方の不安を和らげることが大事です。

◇子どもが何を理解しているか見極める
当然のことながら、国によってカリキュラムも教え方も違います。
子どもが何を理解し、何を理解していないのかを探り、
小学校ではどのように勉強をスタートさせるのか、
中学校ではどのように支援できるのかを見極めることが重要です。

このような考え方を元に、つづきMYプラザでは、どのような支援ができるか教職員の皆さんと一緒に考えていきたいと思います。

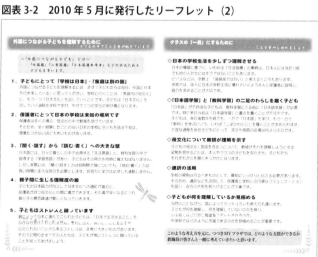

（2）小中学校との連携の取り組み

私たちが考える学校連携は、子どもに関する情報を共有することである。相談機能を持ち、家族の相談にも対応するMYプラザは時として学校以上に家庭に関する情報を持っている場合がある。家族の了解を得たうえで、必要に応じて、できるだけ学校と情報を共有するようにしている。子どもたちを取り巻く環境は様々で、抱える課題も多様化している。日本語習得の必要性など、ほとんどの子どもに当てはまるものもあれば、個々に抱える課題として、最近は子どもの発達に関するものが増えている。また家族が抱える課題もあり、そのことが子どもに影響を及ぼすこともある。土曜日の学習補習教室の時間帯は、保護者からの相談を受けることが多く、その後の学校との情報共有が子どもの大きな支えになるよう、常に「プラスの循環」をイメージしながら取り組んでいる。

現在中学3年で、日本生まれのAの両親は日系ブラジル人である。来日以来、日本語学習の経験はない。家庭ではポルトガル語を話し、日本語はほとんど話せない。一方Aは、簡単なポルトガル語は理解できるものの、文章で話すことはできず、両親とのコミュニケーションはほとんどとれない。小学校時代、両親は仕事が忙しく、また日本語が話せないこともあって、学校との距離感に戸惑い、学校と家庭との信頼関係構築には至らなかった。それが原因とは言い切れないが、学校ではトラブルが頻発しAはほとんど発話せず、今でもコミュニケーション力に課題が残る。しかし中学入学後、私たちはそれまでの6年間の様子を学校と共有し、それぞれができることを確認しながら対応策を考えた。3年後の高校受験を考えてのことでもあった。その結果、月に1回夜、両親をMYプラザに呼び、担

KANJI クラブの様子

任や時には生徒指導専任、一時期関わったスクールカウンセラー、そして通訳と私たちが同席する拡大定例面談を実施した。ここでこだわったのは、「両親ともに出席していただくこと」である。初めからうまくいったわけではない。仕事終わりの夜に出てくることの大変さ。結果が見えない不安。何も変わらないという日々が続く。しかし気がつけば、ほとんど興味を示さなかった両親が一生懸命メモを取り始め、子どもの表情にも穏やかさが見え始める。この面談は、学年が上がって担任が変わっても、バトンを渡すように続けられた。その結果、両親は学校を信頼し始め、家庭での様子と学校での様子を共有し、親子のコミュニケーションは取れなくても、寄り添うことができるようになった。これまで遠い存在だった学校が身近なものになり、学校での様子を両親が把握し始めたことで、子どもの心に変化が生まれたことは間違いない。学校との連携が子どもを支えたと考えている。

（3）今後の課題

先ほども触れたが、発達に課題を持つ外国籍児童生徒が増えている。そしてそれを判断することは難しい。日本語が壁となり学習言語を習得できないケース。保護者の日本語が完全ではない中で育ったことが、一つの要因と思われるケース。呼び寄せられた日本で、新しい環境に入ることをストレスと感じているケース。様々な要因を背負って育ち、その環境を受け入れられずに子どもがシャッターを閉めてしまうこともある。実際にMYプラザには、学校から紹介されて「居場所」を求めてやってくるケースが後を絶たず、手探りの対応が続いている。増え続けるこのようなケースに、今後どのように対応していけばいいのだろうか。発達の課題をどう見極め、どう保護者に伝えていけばいいのだろうか。これからも、さらなる学校連携が必要であると考えている。

5 ほどがや国際交流ラウンジ

杉本 ひろみ（前 ほどがや国際交流ラウンジ代表
現 保土ケ谷国際交流の会理事）

1991年7月に市内3番目となるラウンジ「保土ケ谷区国際交流コーナー」[*1]（以下、当ラウンジ）が開設された。その後2002年に「子どもの勉強会」事業が始まり、外国につながる児童生徒への支援体制が整備された。

(1) 教育委員会との連携

2010年横浜市教育委員会指導企画課（以下、指導企画課）の当ラウンジ来訪を機に、外国につながる児童生徒への支援[*2]について意見交換が積み重ねられていった。2013年からは新年度になると横浜市教育委員会西部学校教育事務所（以下、同事務所）もラウンジを来訪されるようになり、毎年貴重な意見交換の場をつくることができるようになった。２０１４年８月には同事務所の呼びかけで、保土ケ谷区内で学習支援にかかわる活動をしている４団体[*3]が集まり、教育事務所関係者との意見交換会を実施した。当ラウンジからは、ラウンジの外国につながる児童生徒への支援制度が学校関係者に浸透していない状況を説明した。

その後、２０１５年１月に同事務所主催の西部シンポジウム「学力向上のための『主体的要因』と『環境的要因』」第２部のパネリストとして、前年８月に意見交換した団体が参加して活動状況や学習支援に関してかかわり方などを説明し、その後意見交換を行った。当日は参加された多数の校長先生たちにラウンジの学校につながる活動について説明をする機会を与えていただいた。特に外国につながる児童生徒への支援制度について重点的に説明をした。例えば、外国につながる児童生徒が編入した場合の母語による初期適応支援の重要性や、横浜市通訳ボランティア派遣制度の活用などへの理解が広まった。また、当ラウンジによる「子どもの勉強会」は外国につながる子どもの受け皿となるので是非利用してほしいことなどを説明した。このシンポジウムへの参加はラウンジから学校へメッセージを発信することの重要性を認識することになり、これ以降も区内校長会での支援制度説明も含め、積極的に発信を行ってきた。

子どもの勉強会の遠足

外国人支援活動の広報をどのようにしていくかはラウンジの検討課題であったが、行政からの新たな働きかけに呼応していくことにより、支援活動への理解も広がった。こうしたつながりが外国につながる児童生徒への支援を広げるきっかけとなったように感じている。

(2) 外国につながる児童生徒の増加への対応

2013年以降、市へ編入する外国につながる児童生徒の数が大幅に伸びてきた。編入では、親が先に日本に来てある程度生活が安定したころに母国から子どもを呼び寄せるケースが多々見られる。母国で子どもは親族に養育されていて居場所もある中で、急に環境のまったく違う国に来て生活をするわけで、戸惑いがあるのは当然である。このような場合は事前に日本語学習をしていないことが多い。学齢期に達した子どもが来日直後に日本の学校に編入してくる場合、初めて外国につながる児童生徒を受け入れる学校は、手順がわからず対応に苦慮しているようだ。ラウンジへ問合せをしてくる学校もあるが、受入れ時の母語支援等が共有されていない学校もあると推察され、これらを解決するためには当ラウンジ内での体制づくりが大切であると考えた。

(3) 母語による初期適応支援

横浜市内に編入する外国につながる児童生徒の増加を受け、当ラウンジでは語学ボランティア担当スタッフを配置し、増加傾向にある初期適応支援に対応することにした。幸い2016年度に国際教育課が制度と運用について説明に来られたので、2015年度の対応状況や反省点などを伝え、意見交換や検討を行うことができた。

語学ボランティアのサポーターの方たちはたいへん真摯に母語支援に携わってくれた。その当時、初期適応支援の具体的な内容が定義されておらず漠然としたイメージでそれぞれのサポーターが対応していた。また、学校の教室に入り込んでの支援の場合、教科指導の通訳を求められる場面も多々あり、どこまで対応してよいかわからないとの話がラウンジに寄せられた。あるサポーターの方が学校帰りに必ずラウンジに立ち寄られ、児童への接し方、学習への対応など、そのつど悩みを相談された。時には1時間以上話されることもあった。このことがその後の初期適応支援に携わっている語学ボランティアを集めての懇談会開催のきっかけとなった。懇談会の目的はボランティアの方たちから支援の現状報告と活動に参加してよかったこと、困ったことの報告にあるが、ボランティア同士の横のつながりも大切だと考えた。内部で実施内容を検討していく過程で、制度の運営に携わっている国際教育課にも参加をお願いできないかとの話になり、すぐに国際教育課に連絡を取り、出席の快諾を得た。

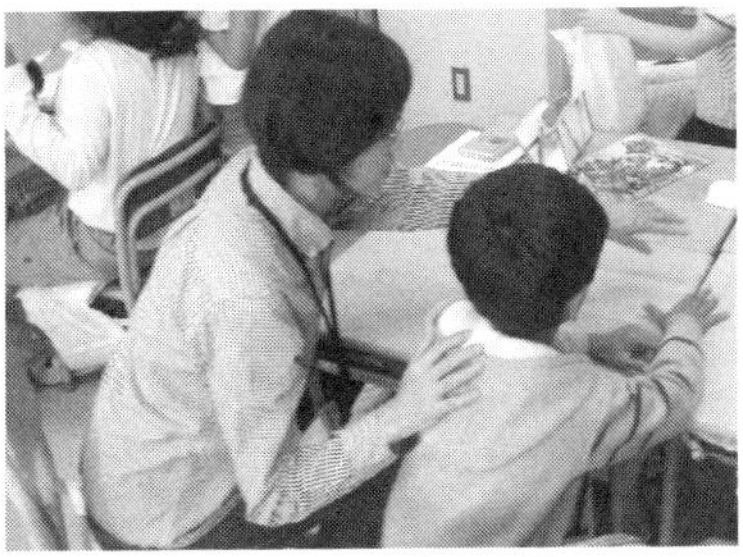

初期適応支援教室での様子

ボランティア懇談会

こうした経緯の中、第1回懇談会は２０１６年7月に実施された。出席者は語学ボランティア、国際教育課、ラウンジ関係者で和やかな雰囲気の中、運用上の改善点もかなり見えてきた有意義な会となった。この懇談会が直接的なきっかけとなったかはわからないが、その後教育委員会は制度の見直しを実施し、実情に合わせて名称を「初期適応・学習支援事業」と改めた。また定義が曖昧だった「初期適応支援」「学習支援」の具体例を示し、ボランティア活動の範囲を選べるようにアンケートも作成した。従来母語支援通訳者は「サポーター」と呼ばれていたが「ボランティア」に変更になった。これらの活動はボランティアの善意に基づくとの見解も示してくれた。この改正に伴い制度がわかりやすくなり前進したように思う。こうした見直しは小さい歩みかもしれないが、教育委員会との顔の見える関係の中で生まれた結果ではないかと感じている。

(4) 今後の課題

前述のような改正が実現しても、対象となる学校で必ずしも活用されていないことは残念である。今後は教育委員会、学校、ラウンジの連携強化が必要であると痛感している。

２０１６年10月に地元中学校から横浜市における多文化共生について、「横浜の時間」(総合的な学習)[*4]で話をしてほしいとの依頼があった。江戸時代末期の開港以降の歴史に絡めて、横浜が先駆けとして異文化を受け入れてきたことや、その精神は現在まで受け継がれていることなどを説明した。ある生徒の感想文に「国境を越えてかかわっていくこと、寄り添っていくことの大切さ」について書かれたものがあった。読後、10代で多文化共生に関する情報に接するのはたいへん重要であると感じた。

今後とも外国につながる子どもが成人した時に日本社会に居場所があると実感できるように、行政と連携しながら、児童生徒の頃から支援すると同時に、日本人児童生徒への働きかけもしていきたい。

❖注

＊１　２０１７年４月１日より「ほどがや国際交流ラウンジ」に名称変更。

＊２　２０１０年母語による初期適応支援開始。

＊３　ＮＰＯリロード、社会福祉法人杜の会、星川２丁目寺子屋、保土ケ谷区国際交流コーナー。

＊４　発祥の地：電話、写真、日刊新聞、鉄道、救急車など。発祥の物：アイスクリーム、ビールなど。

第3章　市民団体

1　ＡＢＣジャパン

藤浪　海（ＡＢＣジャパン学習支援スタッフ
日本学術振興会特別研究員ＰＤ）

（1）ＡＢＣジャパンのビジョン

戦前から朝鮮半島や沖縄など多様な出自をもつ人々が暮らしてきた横浜市鶴見区。この地域に１９８０年代後半から集住し始めたのがブラジルやボリビアなど南米からの移民であり、ＡＢＣジャパンは２０００年にその鶴見在住のブラジル人が立ち上げた組織である。南米系移民の相互扶助組織として出発した本団体は現在、南米系だけでなく、近年周辺地域で増加しているフィリピン系や中国系など在日外国人一般に向けた生活・教育支援を展開している。

本団体の日系ブラジル人の理事長は、ブラジルでは日系移民の子どもとして、そして日本ではブラジル系移民の親として、移民の教育をめぐる困難を経験してきた。そのような経験から本団体では、子どものみならず家族全体の支援を行うことを目指している。子どもの教育について問題を抱えるのは、子ども自身だけではない。親よりも子どもの方がホスト社会の言語や習慣を早く習得していく中で、親子間の関係が葛藤を抱えこむことは往々にしてある。また、保護者がその不安定な就労状況の中で、子どもと接する時間をもてなかったり、日本語の習得も進まず日本の教育制度について知識をもてなかったりするために、子どもの教育に積極的にかかわることが難しくなることも決して珍しくない。

いりふねつるみ〜にょ夏休み教室

その中で本団体では、子どもに対する教育支援（学習教室の運営など）を実施すると同時に保護者に対する生活・就労支援も行い、家族が子どもの教育をめぐって「主体的に」様々な選択肢をとれるような取り組みを行っている。具体的には保護者が学校関連の日本語や知識を習得できるよう配慮した日本語教室や、保護者の就労の安定化に向けた資格取得講座、経済的な問題により大学進学を諦めざるを得ない家族も多いという背景のもとでの大学の学費や奨学金の情報に力点を置いた大学進学ガイダンスなどを開催してきた。さらに、それらの取り組みの中で得られた移民の生活・教育をめぐる情報を学校と共有し、また地域社会に発信することで、日本社会側の移民に対する理解も進めていくことを目指してきた。

（2）学校との連携の始まり

設立当初、生活・就労相談への対応を中心として活動を行ってきた本団体が子どもの教育支援を志向するようになったのは、その相談活動の中で子どもの教育をめぐって多くの相談が寄せられ、団体として具体的な支援を展開する必要性を痛感したためである。そのため、教育支援の実施は本団体にとってかねてからの念願であったが、実際に取り組むことが可能となったのはいわゆるリーマン・ショック直後のことであった。なぜ経済不況が子どもの支援を可能にしたのか。それはこの経済不況を背景に2009年秋から文部科学省の「定住外国人の子どもの就学支援事業」が始まり、支援に向けた財政的基盤を整えられたからである。同事業は基本的に「不就学・不登校」の子どもに向けたものであったが、鶴見には通学していても学習に困難を抱え、授業についていけない子どもも多かった。そこで同事業の一環として、移民の子どもが多く通う潮田小学校に掛け合い、同学校内で週1回の放課後教室「つるみ〜にょ」を開設した。このことが、学校との連携の第一歩となった。

もともとこの教室は、学校内（体育館2階の小教室）で行いながらも学校とは直接の関係をもたない事業という位置づけであり、そのため学校側での認知度も低く、開始当初、子どもは1年生4人のみであった。そうした中でスタッフが学校の授業を終えた子どもを教室まで迎えにいったり、国際教室担当教員との連絡ノートを作成し、放課後教室での状況を学校側に伝達したりするなどの工夫を重ねていった。さらにこの教室に参加した子どもが学校の授業へ積極的に参加するようになるなどの効果が表れ始めると、この取り組みの意義が徐々に学校側に認められ、学校教員による本教室の周知などの協力も得られるようになった。実施場所も体育館から校舎1階の国際教室に移り、２０１４年の虹の架け橋事業終了時には参加児童は40人を超えるようになっていた。

その後、本教室の運営は本団体から潮田小学校へと移管されているが、この教室運営の中で学校と本団体との関係が構築され、周辺の学校にも本団体の存在が認知されるようになった。現在では潮田小学校のみならず鶴見区内の多くの小中学校の国際教室担当教員と情報交換を日常的に行っており、それらの学校から新規来日の子どものサポートについて相談や依頼を受けたり、本団体が受けた保護者からの相談を学校側に伝達するなどしている。さらに近年では移民の子どもが少なくサポート体制の整っていない鶴見区外の学校や家族からの相談も多くなり、それらの地域に向けても初期日本語指導や学校と保護者の橋渡しなどの支援を行っている。

（3）学校との連携の展開

本団体が現在取り組んでいる学校との連携事業は大きく「3方面」、すなわち移民の子どもとその保護者、そして日本人生徒などホスト社会側に向けて展開している。第一の移民の子どもに対する支援として取り組んでいるのが、入船小学校での放課後教室「いりふねつるみ～にょ」である。全校児童のおよそ2割が外国とつながる児童となっており、学校側と本団体との情報交換の中でこの教室の立ち上げが提案され、２０１７年夏に開講に至った。２０１８年6月現在、すでに40人ほどの子どもがこの教室で学習している。学習サポートのみならず、ランチ交流会やクリスマス会なども開催することにより子どもたち同士の交流を深めることに力を入れており、学校が子どもたちにとって「居場所」となることを目指している。

第二の移民の保護者に対する支援としては、小学校高学年の子どもの保護者を対象とした中学校生活・高校入試の説明会を鶴見区内の複数の小学校で行っている。教育制度はそれぞれの国で大きく異なっており、日本の高校進学について知識（中学での評点が進学時に重要であることなど）がなく、進学に向けて子どもに対し積極的な働きかけができない保護者も少なくない。そこで高校進学のための情報を保護者に早い段階で提供し、子どもの中学校生活に保護者がかかわれるようにするというのが本取り組みの狙いである。この取り組みは、本団体作成の多言語ガイドブックを用いながら実施している。

第三の日本社会の側に理解を広めていく取り組みとして行っているのが、多くの移民の子どもが通学する潮田中学校での「多文化デイ」のコーディネートである。これは毎年全校生徒対象に行われているイベントであり、1・2年生に向けた多文化共生に関する講演会と3年生対象の多文化体験ワークショップを主な内容としている。この取り組みによって移民の直面しがちな困難や移民自身の思いを伝え、また同時に料理や踊りなど様々な国の文化に慣れ親しんでもらうことで、移民に対する理解を周囲の人々に促していくことを目指している。同様の趣旨から、横浜市内の高校・大学で「多文化共生」についての出張授業を行い、それらの学校の生徒・学生と本団体の学習教室に通う移民の子どもとの交流の場を設けるなどの取り組みも行っている。

（4）今後の課題

以上のように本団体では、学校と連携しながら、移民の子ども自身だけでなく、その保護者や共に地域に暮らす人々へ働きかけることで、移民自身の日本社会への適応と地域社会自体の変容を同時にうながしてきた。本団体がこのような方針のもと今後取り組むべき課題としているのは、移民の家族に向けた子どもの教育に関する情報発信をさらに強化することである。

本団体では従来、教育制度についての情報の伝達に注力してきた。しかし、それぞれの子どもが学校でいかなる困難に直面しているのか、子どもの状況を十分に把握できていない保護者も少なくない。そしてこのことにより保護者の教育へのかかわりが困難になるばかりか、それが原因で親子がすれ違い、関係が悪化するケースも散見される。そうした状況を生み出さないためには、（困難をつくり出す教育環境それ自体を変えていくことは当然として）それぞれの子どもの状況を家族が把握できるようにすることが肝要である。そしてここにおいて、学校との連携は不可欠である。移民の家族とも学校ともつながりが強い市民団体が、両者を媒介し、移民自身が「主体的に」教育にかかわれるエンパワーメントの体制づくりが今、鶴見では進んでいるのである。

コラム

ＩＡＰＥとつるみラティーノ

与座　ロサ（つるみラティーノ代表、ＩＡＰＥスペイン語教室スタッフ）

私は南米ペルー出身で、日系ペルー人の夫と結婚した後、１９９０年にペルーから日本へ移住しました。長女を出産した時期は川崎に住んでいましたが、毎週末には潮田小学校でＩＡＰＥによるスペイン語教室にほかのお母さんたちと子どもたちと一緒に通っていました。その頃から、鶴見区に在住するラテンアメリカ諸国にルーツをもつ子どもたち向けの活動に参加することにとても興味を持ち始めました。

ＩＡＰＥのおかげで、南米出身のお母さんたちのコミュニティの形成と同時に、意見交換や自分たちの経験を共有できる場ができたことを今でも覚えています。私たちの言語や文化からかけ離れた国で子どもたちを教育していたために、みんながいちばん心配していたのが、子どもたちの将来でした。しかしＩＡＰＥは、私たちが子どもたちに伝えたかったこと、すなわち、異なったバックグランドを持っていても、自分たちのアイデンティティや言語や習慣に誇りを持つことの大切さを子どもたちに教えてくれました。さらに、ラテンのルーツのみならず、沖縄に祖先を持つ子どもたちのために、自分たちの祖父母が育った場所に実際に訪れて知る旅行の企画を毎年計画していただきました。

数年後に次女を授かり、ペルー、アルゼンチン、ボリビア、コロンビアの南米出身のお母さんたち数人で、ラテンの文化を子どもたちに伝えたいという強い気持ちから、つるみラティーノ（Tsurumi Latino）を結成しました。はじめの頃は、私たち自身で子どもたちに南米舞踊を教え、一緒に練習し、たくさんの鶴見区のイベントに発表しました。つるみラティーノから得る、私にとって最高の褒美は、子どもたちはもちろん、お母さんたちの誇らしさと嬉しさに満ちた表情を目にすることと、子どもたちと一緒に私たちの文化を楽しんでもらう、特別な瞬間を共にできることです。現在、つるみラティーノの活動回数は減っていますが、みんなで定期的に会い、踊りの練習やパーティを計画し、子どもたちにラテンアメリカのコミュニティを居場所として思ってもらい、自分たちのルーツをいつも思い出してほしいと願っています。

2 信愛塾

竹川　真理子（在日外国人相談センター
信愛塾センター長）

(1) 信愛塾のビジョン

隣人は外国人、それが当たり前の日常になった。日本に住む外国人数は約２６４万人（法務省、在留外国人統計２０１７年12月）。信愛塾のある横浜市も約９万２０００人（２０１８年12月）の外国人が居住している。中国をはじめ韓国・朝鮮・フィリピン・ベトナムなどアジアからやってきた多くの外国人が地域住民として生活している。今年秋に設立40周年を迎える信愛塾は中区にある中華街の一角からスタートした。それは何よりも子どもたちが自分たちの文化に誇りを持ちながら自立してほしい、基礎学力を身につけてほしいと願う保護者たちの強い思いによるものだった。

現在、信愛塾は学校や地域社会の中で緊張を強いられる子どもたちに「居場所」を提供し、そこで母語による学習支援や日本語指導を行う一方、音楽やスポーツ、ゲーム等を楽しむ機会を共有し、子どもたちが安全で安心できるスペースをつくってきた。また、日本に暮らす外国人及び外国につながる子どもたちの保護者を対象に教育・生活・人権などに関わる相談も行っている。年間７００件にも及ぶ相談活動は常設型、多言語対応、そして具体的な解決をめざすための伴走型相談を実施している。

このような相談を行いながら、言葉や生活面で困難を抱えている人たちの自立を促し、内在する活力を地域社会で発揮できるようにすることにも努めている。いわば在日外国人との共生の実践「現場」とでもいうようなふれあいと交流の自由空間である。

(2) 学校との連携に向けた歩み

横浜市では市立小学校における民族差別事件がきっかけとなって、１９９１年に「在日外国人（主として韓国・朝鮮人）にかかわる教育の基本方針」が生まれた。信愛塾設立の発端になったのも、外国人の子どもたちに就学通知が届かず、どこの学校へ行かせてよいかわからず困り果てていた保護者の訴えからだった。在日外国人問題といっても当時は植民地支配の結果として日本への定住を余儀なくされた韓国・朝鮮人３世、４世の子どもたちが抱える問題が大半だった。自分のアイデンティティで悩む子、「いじめ」や差別を恐れひたすら自分の民族性や国籍を隠そうとする子、繰り返される民族差別事件。こうしたことに向き合い本名を隠さず、共に生きる学校教育を目指そうと掲げられたのが「教育の基本方針」だった。それと同じころ「クラスで孤立している在日韓国・朝鮮人の子どもたちを集めよう」と教師や市民が実行委員会を組みヨコハマ・ハギハッキョを開催した。それは今でも規模こそ小さくなったが、年に一回の行事は続けられている。小学校でもオリニ会（韓国人講師）や教員向け人権研修などが取り組まれだした。それからほぼ四半世紀以上が過ぎた。さらに新渡日の外国人児童生徒が急速に増えてくる中で、外国人児童生徒の抱える課題は大きく変わっていった。新渡日の子どもたちは言葉の壁をどう乗り越えていくかが大きな問題であったが、差別との関係ではかつて韓国・朝鮮人の子どもたちが経験したことと変わらないところもあった。しかし学校と地域との関係は大きく変わっていった。とりわけ外国人の子どもたちの保護者の教育・生活相談を担っている信愛塾との関係は、学校や行政機関との連携なしには成り立たないこともあり、情報交換やブロック会議、ケース会議などが頻繁にもたれるようになった。このような積み重ねの結果、学校・行政・地域(信愛塾)という連携が生まれ、信頼関係が築かれていった。

(3) 学校との連携の具体例

近隣校の教員がクラスのタイ人児童を連れて、信愛塾へやってきた。東京近郊の町からＤＶで逃げてきた母子と面談したのは、つい先日のように思い出される。その子は今春、無事高校入学を迎えた。小学校時代、母は包丁を振り回し、その暴力から逃れようと、真夜中に何度も電話で助けを求めてきた。その度に子どもの担任も駆けつけてくれた。何としても子どもの命は守らなければならないという大きな使命があった。そして母が抱える心の闇を少しずつ聞いていった。何をしてしまうかわからないから、母は少し子どもから離れたいと言う。そのような中、学校や児童相談所と連携しながら、週末だけの母子分離を実現させた。信愛塾は子どもの命を守る、もちろん母も守る。それは信愛塾の目指すところであり、そのためには児童相談所、役所との連携も欠かせない。日常的に学校との連携を持つことは具体的課題解決のためにはどうしても必要である。信愛塾で得られる子どもたちの情報、学校や役所や地域から入ってくる情報、それらの情報をたぐり寄せ、子どもの最善の利益を引き出すために行動する。このように子どもたちは学校でも地域でも見守られてきたのである。関係機関とのきめ細かで迅速な連携が、負への連鎖をどこかで断ち切ることにつながっていくものと考えている。いやむしろそう願っているというべきか……。

（4）今後の課題

幾多の困難に出会いながら、そして今も同様な困難を抱えながらも、次の歩みを展望することはとても大切なことである。２０１０年に林文子横浜市長が信愛塾を訪問した。そのとき市長は「そうですね、外国人の問題は行政が垣根を低くして民間と一緒にやっていくしかないんですよ」と語った。私たちもとても勇気づけられ希望に満ちた言葉だと感じた。信愛塾には今も40年前に子どもたちが彫刻刀で「しんあいじゅく」と彫った木製の看板がある。この看板に刻みつけられた当初の願いと想いは今も脈々と生きている。信愛塾は小さな子ども会が出発であったが、それを小学生、中学生、高校生、大学生、保護者たち、学校の先生、公務員、会社員そして地域の人々が助け、応援し、支えてくれた。そして現在の信愛塾へと発展させ、繋げてくれた。困難に直面したときにも必ず誰か助けてくれる人がいた。そのまま40年……、今では中国人やフィリピン人をはじめアジアのいろいろな国や地域からやってきた子どもたちの学びとふれあいの場になっている。もちろんアジアだけに限らないので、地域に位置する小さな国際交流の場でもある。

事務所前にて（後列中央が筆者）

今、少子高齢化が進み、生産年齢人口が減ってきていることもあり、日本経済の危機が叫ばれている。このような中でも在日外国人の数は増えており、そのため今後一層地域社会においては外国人との共生の必要性が求められてくることと思われる。そのとき、信愛塾のような「現場」の存在が他の地域でも必要とされてくるだろう。共生社会の仕組みとして学校、行政、地域を繋ぐ「場」の存在はどうしても必要で、わたしたちはそうした連携の仕組みを「横浜モデル」と位置づけ、国際都市ヨコハマからの発信として他の地域にも広げていこうと考えてきた。それは多様性に富んだ共に生きる社会づくりであり、地域社会に新たな活力をもたらすものと私たちは確信している。

コラム

アジアンジェイによるフィリピン文化の紹介

倉橋　ジェラルデン（アジアンジェイ代表、多言語支援センターかながわタガログ語担当）

アジアンジェイ（フィリピン・日本コミュニティーグループ）は、2011年に設立したグループです。港南国際交流ラウンジの登録団体です。グループの活動目的は、フィリピンの文化、歌や踊りを紹介し、交流をして、皆さんにフィリピンのことを理解してもらうことです。アジアンジェイもフィリピンの子どもたちへの支援をしています。年に一回、フィリピンの子どもたちに日本の子どもたちの古着や文房具を集めて送ったりしています。

アジアンジェイは神奈川県や横浜市といろいろな地域や学校でのお祭りやイベントに参加しています。最近のことですが、とても心に残ったエピソードがあります。

私たちが、フィリピンにつながる子どもも含め、外国につながる子どもが多い横浜市立東小学校で行われた多文化交流会に参加した時のことです。フィリピンの踊り「パンダンゴサイラウ」を披露しました。その後、子どもたちに踊りの見せ所や盛り上がるところを教えました。踊り「パンダンゴサイラウ」は、手のひらと頭の上にロウソクが入っているグラスをのせます。バランスを上手くとって、踊る。この踊りを教えると、子どもたちと先生たちがとても喜んで、笑いながら手のひらにあるコップを落とさないように頑張って、手をまわしながら踊りました。楽しい踊りのワークショップが終わって、その後に子どもたちからの感謝の歌が始まりました。歌の中の「ありがとう」がちゃんと伝わってきて、とても感動しました。

その後、子どもたちと一緒に給食を食べました。その日の給食メニューはフィリピンの家庭料理「アドボ」でした。給食を食べながら、子どもたちからフィリピンのことをいろいろ聞かれました。みんなの質問に答えて、フィリピンのパイナップル伝説の話もしました。このようにフィリピンに興味・関心を持ってもらい、学校や地域にいるフィリピンの子どもたちのことも考えてくれることに感謝しています。

訪問した学校の子どもたちの歓迎や感謝のことばと、フィリピンにつながる子どもたちが元気になることが、私たちのボランティア活動の励みになっています。

おわりに——多文化共生の学校づくりに向けて

山脇 啓造

多文化共生の学校づくりとは、多文化共生社会の形成を目指した学校づくりである。「多文化共生」という用語が用いられるようになったのは1990年代中頃であるが、地方自治体を中心に政策用語として定着したのは、総務省が全国の都道府県・政令指定都市に対して、「地域における多文化共生推進プラン」[*1]を通知した2006年以降のことである。同プランのもととなった総務省「多文化共生の推進に関する研究会」報告書には、「地域における多文化共生」が「国籍や民族などの異なる人々が、互いの文化的違いを認め合い、対等な関係を築こうとしながら、地域社会の構成員として共に生きていくこと」と定義されている。

日本で暮らす外国人は、戦後、一貫して増加したが、リーマン・ショック（2008年）と東日本大震災（2011年）の影響で、僅かながら減少した。2013年から再び増加に転じ、2018年6月現在、約264万人となっている。日本の総人口に占める割合は約2%である。外国人住民の55%は永住資格を持つなど長期滞在が可能で就労制限もなく、日本社会の重要な構成員といえる。また、日本国籍を取得する人々も年間約1万人いる。

日本の総人口は2008年に約1億2800万人でピークに達した後、人口減少が始まり、2018年7月現在、約1億2659万人である。2065年には約8800万人となり、現在のほぼ3分の2に減少するとともに、生産年齢人口（15～64歳）はほぼ半減し、現在約28％である高齢化率（総人口に占める65歳以上の割合）は38％に達することが予想されている。一方、政府は2014年以来、「外国人材の活用」を図ってきたが、2018年12月に改正入管法が成立し、幅広い分野での本格的な外国人労働者の受入れに舵を切ることとなった。

人口知能（AI）やロボットの普及によって、今後、労働力不足はある程度緩和されるかもしれないが、人口減少・少子高齢化やグローバル化の進展によって、外国人の増加と定住化はさらに進んでいくだろう。人口減少を前提に社会のあり方を抜本的に見直し、女性や高齢者、そして、外国人も含めた多様な人々が活躍する新しい社会のビジョンを描く必要がある。今後の日本にとって、多文化共生社会の形成が大きな課題となっていくに違いない。その中でも、中長期的観点から、特に重要なのが子どもの教育である。

1　外国人児童生徒等の現状

文部科学省（文科省）によれば、2016年5月現在、日本の公立学校に在籍している外国人児童生徒数は8万119人で、このうち日本語指導が必要な児童生徒は3万4335人（約43％）である。[*2]この数は、文科省が統計を取り始めた1991年の5463人から約6倍に増加している。その母語別内訳は、ポルトガル語（26％）、中国語（24％）、フィリピノ語（18％）、スペイン語（11％）の順に多い。加えて、日本語指導が必要な日本籍児童生徒も9612人いる。その言語別内訳は、フィリピノ語（32％）、中国語（22％）、日本語（13％）、英語（11％）の順に多い。日本語指導が必要な外国人児童生徒数の都道府県別内訳を見ると、愛知県が突出して多く、神奈川県、東京都、静岡県、大阪府、三重県が続く。

2　国や地方自治体の取り組み

１９９０年代以降の外国人児童生徒の増加に応じて、文科省は様々な対策をとってきた。日本語指導等に対応した教員の配置、外国人児童生徒担当の指導主事や教員等を対象とした連絡協議会や日本語指導のための指導者養成研修会の開催、日本語初期指導と教科指導をつなげるＪＳＬ（第二言語としての日本語）カリキュラムや児童生徒の日本語能力の測定法の開発、外国人児童生徒教育を推進するモデル地域の支援事業などである。また、各種教材・資料の作成にも力をいれている。特に、「外国人児童生徒受入の手引き」（２０１１年）は、多文化共生の観点を取り入れており、注目に値する。さらに、２０１４年には、ようやく日本語指導が「特別の教育課程」に位置づけられることになり、２０１７年からは、課題に応じて特別に増員される加配定数に含まれていた日本語指導が児童生徒数に応じて自動的に決まる基礎定数に組み込まれ、安定的に教員が配置されるようになった。新学習指導要領（２０１７年3月公示）では、初めて、「特別な配慮を必要とする児童への指導」として、「日本語の習得に困難のある児童に対する日本語指導」が明記されたことは大きな前進といえる。

一方、外国人児童生徒の多い自治体では、独自に日本語指導等を担当する教員、非常勤講師、日本語指導協力者等の配置、担当教員や支援員等の連絡協議会や研修会の開催、拠点校・センター校や日本語指導教室、教育相談窓口の設置、各種教材・資料の作成などを行ってきている。外国人児童生徒教育の基本指針を定めているところも少なくない。

地域のボランティアなど市民団体による外国人児童生徒の日本語や教科学習への支援活動も、各地で活発に行われてきている。外国人児童生徒の教育のためには、学校を中心に、保護者、自治会・町内会や市民団体等が連携して、地域社会が一体となった取り組みが欠かせない。

これらの取り組みが30年近く続いてきたが、外国人児童生徒の受入れ体制はいまだ十分に整備されているとはいいがたい。日本語指導が必要な児童生徒の四分の一が日本語指導を受けていないし、そもそも日本語指導が必要かどうか、日本語能力を測定せずに判断している場合が多いため、この割合はさらに高い可能性がある。また、日本語指導を担当する教員が日本語教育の専門知識と経験を持っていない場合が多い。一方、外国人児童生徒の学力保障や高校進学の課題が指摘されてきたが、学力や高校進学率など外国人児童生徒に関する基本的なデータも存在しない。報道によれば、２０１８年度、ようやく文部科学省による公立高校に通う日本語指導の必要な生徒の実態調査が行われ、中退率が約10％であることが明らかになったという（『朝日新聞』２０１８年9月30日朝刊）。

こうした問題への取り組みが進んでいない根本的な原因は、国に外国人受入れのビジョンが欠けていることにある。前述のように、総務省は自治体に多文化共生を推進する指針・計画の策定や担当部署の設置を求めるプランを策定し、それを受け、指針・計画や部署を設置した自治体が増えている。

一方、国には、多文化共生を推進する指針・計画も担当部署も存在しない。*3 教育分野でも、多文化共生の観点に立った外国人児童生徒教育の指針を策定する自治体*4があっても、文科省にはそうした指針が存在しない。文科省が設置した「学校における外国人児童生徒等に対する教育支援に関する有識者会議」の報告書（2016年6月）は、「これからの外国人児童生徒等教育にあたっての基本的な考え方」として、「多文化共生に基づく外国人児童生徒等教育」を掲げるとともに、「外国人児童生徒等教育における国の基本的な方針を示す」ことを求めている。

3　横浜市の挑戦

横浜市は、全国の市区町村で最も人口が多く、公立小中学校の数も全国最多である。第1部で示されたように、横浜市は全国に先駆けて1980年代初めから帰国児童生徒の受け入れ体制をつくっており、そのノウハウを1980年代中頃には外国人児童生徒に生かした体制整備が行われている。1991年に「在日外国人（主として韓国・朝鮮人）にかかわる教育の基本方針」を策定し、1992年には全国に先駆けて、学校向けに「帰国・外国人児童生徒受入れの手引き」を策定した。また、1996年に、中・南区と神奈川・鶴見区に人権教育推進地域校として、「在日外国人教育実践地域校ブロック」を指定した（2001年に泉区に追加）。2015年には、市長部局に国際局、教育委員会に国際教育課を設置し、2017年には、全国の政令指定都市に先駆けて、日本語初期指導の拠点施設「ひまわり」を立ち上げるとともに、管理職研修に多文化共生の学校づくりに関する内容を取り入れた。こうした教育委員会の取り組みに加え、２０１４年には国際教室担当の教員が自主的にネットワークづくりを始め、さらにそうした自主的な取り組みが教育委員会による研修にも生かされていること（第2部第5章参照）も特筆に値する。

前著『多文化共生の学校づくり――横浜市立いちょう小学校の挑戦』では、多文化共生の学校づくりの三つの柱として、校長のビジョンとリーダーシップ、多文化共生の授業づくり、学校と地域の連携を掲げた。そうした観点から横浜市の取り組みを考察すると、まず、２０１７年度に校長や副校長対象の多文化共生の学校づくりに関する研修を始めたことは高く評価できる。次に、教育委員会（特に国際教育課）の取り組みは、外国につながる児童生徒への支援（特に日本語教育）に焦点があり、学校現場における多文化共生の授業づくりへの支援が弱いように思われる。一方、今回取り上げた４校においては、いずれも多文化共生の授業づくりの工夫が伺われる。三番目に、旧いちょう小学校が地域の多様な団体と連携・協働することで、多文化共生の地域づくりの拠点として果たした役割に比べると、４校とも地域の多様な団体との関係づくりは今後の課題といえよう。教育委員会と市長部局の区レベルでの連携によるさらなる学校支援が求められよう。

４　国と自治体の今後の課題

今後、国の役割として期待されるのは以下のとおりである。まず、国には外国人受入れの基本理念や体制整備を定めた多文化共生社会基本法の制定が求められる。日本語教育推進法や差別禁止法の制定も欠かせない。そのうえで、多文化共生教育基本指針の策定[*5]とその学習指導要領への反映が必要である。さらに、外国人児童生徒等教育を担当する教員の養成のため、教員養成課程における日本語教育や多文化共生に関する科目を拡充するとともに、JSLの資格の設置が望まれる。学校管理職や一般の教員を対象とする多文化共生教育の研修も必要である。明確な基準に基づく児童生徒の日本語能力の判定の仕組みも欠かせない[*6]。文科省は外国人児童生徒のためのJSL対話型アセスメント（DLA）を2014年に作成したが、まだ学校現場で広く活用されるに至っていない。また、外国人児童生徒に関する各種データを整備することも国の役割である。経済協力開発機構（OECD）では、教育分野を含む移民統合に関する国際比較の調査結果を2012年から3年おきに発表しているが、日本は分析の対象となっていない。OECDの学習到達度調査（PISA）は日本でも関心が高いが、外国人児童生徒等教育においても、国際的知見から得るところが大きいであろう。

一方、自治体においては、多文化共生の地域づくりを進め、成功事例を社会に発信していくことが求められるが、そうした地域づくりの成功の鍵を握るのは多文化共生の学校づくりである。旧いちょう小学校が取り組んだように、多文化共生の学校づくりを進めるには、前述のとおり、三つの取り組みが重要であり、首長部局と教育委員会が連携して学校を支援することを期待したい。

一つ目は、多文化共生の学校づくりを目指した校長のビジョンとリーダーシップである。近年、大学や一部の高校では、グローバル人材育成のために、多様な文化背景を持った人々と協働する教育実践への関心が高まっているが、そうした取り組みは、義務教育段階から始めてこそ効果があるといえよう。小中学校の校長が多文化共生の理念を学校運営方針の中に位置付けることが重要である。

二つ目は、人権の観点に立った多文化共生の授業づくりである。まず、日本国民の中には、国際結婚や外国生活などによって、多様な文化的背景を持つ人々がいることを、児童生徒が理解することが大切である。そのためには、国語や社会の教材や授業内容の見直しが必要だろう。次に、市民的アイデンティティ育成のための教育も重要である。国籍の如何にかかわらず、誰もが日本社会そして地域社会の構成員であることを学ぶ。その際、在日コリアンや日系人など在日外国人の定住化について、歴史的な理解を深めることが必要だろう。地域社会の一員としてのアイデンティティを出発点に、地球市民的アイデンティティにも結びつけていきたい。さらに、エスニック・アイデンティティを保障する教育が必要である。こうした教育は在日コリアンの多い関西の小中学校を中心に、長い間、実践されてきた。同じ言語と文化を学ぶことを望む児童生徒が、一定の人数に達した学校では、そうした児童生徒がその言語や文化を学ぶための授業を行うことが望ましい。さらに、運動会や学習発表会のような学校行事においても、多文化共生の観点を取り入れることが有効である。

なお、新しい学習指導要領解説（2017年7月）では、「他の児童についても、帰国児童や外国人児童、外国につながる児童と共に学ぶことを通じて、互いの長所や特性を認め、広い視野をもって異文化を理解し共に生きていこうとする姿勢を育てるよう配慮することが大切である。」（総則編115ページ）、「外国人児童や外国につながる児童については、課外において当該国の言語や文化の学習の機会を設けることなどにも配慮することが大切である」（総則編117ページ）と述べている。

三つ目は、学校と地域の連携である。日本語指導が必要な児童生徒の日本語教育そして教科学習の支援のためには、地域の日本語ボランティアの協力が欠かせない。学校ごとに、教職員と保護者と自治会・町内会や地域のボランティア団体からなる連絡会をつくり、日本語学習や教科学習、そして、多文化共生教育の支援体制を整えることが重要である。また、学校が、保護者や地域住民に向けて、多文化共生の学校づくりに関する発信を行うことが望ましい。旧いちょう小学校では、2002年に泉区役所のイニシアティブで多文化共生をテーマにした地域の関係団体の連絡会ができ、服部信雄校長（当時）が地域の多様な関係者とつながったことをきっかけに、学校と地域の連携が大きく前進した。

2018年12月に国が策定した「外国人材の受入れ・共生のための総合的対応策」には、「外国人児童生徒に対する教育は、外国人児童生徒の日本における生活の基礎となるものであり、その一人ひとりの日本語能力を的確に把握しつつ、きめ細かな指導を行うことにより、外国人児童生徒が、必要な学力等を身に付けて、自信や誇りを持って学校生活において自己実現を図ることができるようにしなければならない。しかし、公立学校においては、日本語能力を十分に有していないにもかかわらず、特別の配慮に基づく指導を受けられていない外国人児童生徒が2割以上に上るという実態があり、外国人児童生徒の人数に応じた教員等の数を確保するとともに、教員等の資質・能力の向上を図ることが必要不可欠となっている」とある。「日本人と外国人が共に学び理解し合える授業の実施等、各地方公共団体が行う外国人児童生徒等への支援体制の整備に対する支援を実施する」とも述べている。

国が一刻も早く、多文化共生社会基本法を制定し、多文化共生教育の基本指針を策定することを期待したい。

❖注

＊1　総務省「地域における多文化共生推進プラン」（２００６年３月）http://www.soumu.go.jp/menu_seisaku/chiho/02gyosei05_03000060.html

＊2　文部科学省「日本語指導が必要な児童生徒の受入状況等に関する調査（平成28年度）」http://www.mext.go.jp/b_menu/houdou/27/04/1357044.htm

＊3　ただし、日系人に関しては、「日系定住外国人施策に関する基本指針・行動計画」（２０１０年８月、２０１１年３月）、「日系定住外国人施策の推進について」（２０１４年３月）がある。

＊4　たとえば、川崎市の「外国人教育基本方針―多文化共生の社会をめざして」（１９９８年）。

＊5　紙幅の関係で、外国人学校の課題に触れることができなかったが、外国人学校に通う外国人児童生徒等も少なくない。国は外国人学校を含めた多文化共生教育のビジョンを定める必要がある。

＊6　たとえば、米国では、州ごとに英語学習者の英語力を測定するテストが実施されている。

あとがき

　２０１７年９月、『国際理解教育』第24号（２０１８年）への投稿原稿「横浜市における外国籍・外国につながる児童生徒への教育支援――横浜市教育委員会の取組より」を山脇教授にご覧いただいたことから始まった本書の編集作業は、1年以上の時間を要することになった。

　２０１９年の初春を迎えた今、これまでの編集作業を振り返ってみると、その作業の大変さよりもこの機会を与えていただいたことへの感謝の想いが強くある。それはこの編集作業を通して、横浜市教育委員会国際教育課をはじめ、横浜市国際交流協会、そして、横浜市立飯田北いちょう小学校、潮田小学校、南吉田小学校、横浜吉田中学校、さらには、各区国際交流ラウンジ等に何度も脚を運び、各代表の方々と膝を交えて〝横浜の多文化共生〟について語り合い、今後の学校支援への期待を膨らませることができたからである。皆さんと共に横浜の多文化共生の学校づくりの実現に向けて語り合えたことは、次年度以降の横浜市における多文化共生の学校づくりに向けた取り組み・活動を生み出すための〝ネットワークづくり〟につなげられたのだと思っている。

　今後、本書が完成し、多くの方々と本書をもとに横浜の多文化共生教育、そして、多文化共生の学校づくりのさらなる推進に向けて語り合えることを願っている。

服部　信雄

この本の出版のきっかけとなったのは、本書の共編者である服部信雄教授との再会である。２００５年に出版された『多文化共生の学校づくり――横浜市立いちょう小学校の挑戦』は、当時、服部氏がいちょう小学校校長でなかったら、実現していなかった。服部氏が同校を離任されてしばらくお会いしなかったが、東京学芸大学教職大学院の特命教授に就任した服部氏と２０１６年夏に再会することができた。そして、服部教授の書かれた横浜市の取組の原稿を読ませていただき、本書の出版を思いついた。

この本の出版には、あとお二人との出会いも関係している。横浜市教育委員会の甘粕亜矢課長（当時）と横浜市国際交流協会の沼尾実課長（当時）である。甘粕氏は柔軟な思考の持ち主でアメリカ留学の経験もあり、私は本書の出版にご協力いただけることを直感した。沼尾氏は１９９０年代に横浜市立潮田中学校の教員として、『多文化共生をめざす地域づくり』（明石書店）を出版した方である。お二人からは、執筆者の人選など様々な助言をいただいた。お二人を始めとして、横浜市教育委員会国際教育課と横浜市国際交流協会の皆様には、多大なご協力をいただいたことに感謝申し上げたい。そして、この本にご執筆いただいた60名近い皆様にも心から感謝申し上げたい。横浜市の学校にかかわる多様な方々による原稿を一冊の本にまとめるため、明石書店の神野斉編集部長と寺澤正好氏には大変お世話になった。最後に私の仕事をいつも笑顔で応援してくれる家族に感謝したい。

この本の出版をきっかけに、「多文化共生の学校づくり」への社会の関心が高まり、多文化共生に向けた取り組みが全国の学校と地域に広がれば、編者としてこんなにうれしいことはない。

山脇　啓造

[編著者略歴]

山脇啓造（やまわき けいぞう）
明治大学国際日本学部教授。コロンビア大学国際関係大学院修了。専門は移民政策・多文化共生論。総務省や外務省など国及び東京都や愛知県、宮城県など自治体の外国人施策関連委員を歴任。2012年にオックスフォード大学で欧州の移民政策を研究。大学の授業では、行政や企業、学校と連携した多文化共生のまちづくりを実践。

服部信雄（はっとり のぶお）
東京学芸大学教職大学院特命教授。横浜市立いちょう小学校長、元街小学校長、子安小学校長、横浜市教育センター授業改善支援課長、西部学校教育事務所長を歴任。教職大学院では「学校組織マネジメント演習」「教育行政演習」等を担当。横浜市立大岡小学校、飯島小、峯小学校「学校運営協議会」委員、横浜市教育委員会主催各種研修会講師を兼任。

新 多文化共生の学校づくり
横浜市の挑戦

2019年 3 月5日　初版 第1刷発行
2019年 11 月8日　初版 第2刷発行

編著者　山脇啓造
　　　　服部信雄
発行者　大江道雅
発行所　株式会社 明石書店
〒101-0021 東京都千代田区外神田 6-9-5
電話 03（5818）1171
FAX 03（5818）1174
振替　00100-7-24505
http://www.akashi.co.jp/

進行　寺澤正好
組版　デルタネットデザイン
装丁　明石書店デザイン室
印刷　株式会社文化カラー印刷
製本　協栄製本株式会社

（定価はカバーに表示してあります）　ISBN978-4-7503-4804-9